新编21世纪高等开放教育系列教材

侵权法

主编　杨立新

中国人民大学出版社

·北京·

图书在版编目（CIP）数据

侵权法 / 杨立新主编. -- 北京 : 中国人民大学出版社，2021.10

新编21世纪高等开放教育系列教材

ISBN 978-7-300-29862-7

Ⅰ.①侵… Ⅱ.①杨… Ⅲ.①侵权法－中国－高等学校－教材 Ⅳ.①D923.7

中国版本图书馆CIP数据核字（2021）第191552号

新编21世纪高等开放教育系列教材

侵权法

主编　杨立新

Qinquanfa

出版发行	中国人民大学出版社		
社　　址	北京中关村大街31号	**邮政编码**	100080
电　　话	010－62511242（总编室）		010－62511770（质管部）
	010－82501766（邮购部）		010－62514148（门市部）
	010－62515195（发行公司）		010－62515275（盗版举报）
网　　址	http://www.crup.com.cn		
经　　销	新华书店		
印　　刷	天津中印联印务有限公司		
规　　格	185 mm×260 mm　16开本	**版　　次**	2021年10月第1版
印　　张	10.75	**印　　次**	2021年10月第1次印刷
字　　数	216 000	**定　　价**	32.00元

前言

PREFACE

侵权法是民法的重要组成部分。在《民法典》中，它是民事权利的保护法。侵权法通过过错责任原则和无过错责任原则的适用，确定侵害民事权益的侵权责任构成、侵权责任分担、侵权责任的不同类型，对被侵权人以损害赔偿的方式救济，使被侵权人受到损害的民事权益得到恢复，保持民事权益的圆满状态，进而制裁侵权行为，警诫他人，维护社会秩序，实现侵权法的调整目的。因而，学好侵权法，无论是对保护自己，还是保护其他民事主体的安全，都具有重要的价值。

本书以侵权法的基本法理为基础，全面介绍了侵权法的规则，既简明扼要，又内容全面，且图文并茂，融知识性与趣味性为一体，深入浅出，举一反三，既讲解了侵权法的法理，又说明了维权的方法。本书不仅可以作为开放大学相关专业的教材使用，还可以供广大法律爱好者和维权人士阅读，使侵权法真正成为我们维权的武器。

本书是集体智慧的结晶。我作为本书的主编，感谢为本书编写做出贡献、付出努力的各位同人。同时，也感谢中国人民大学出版社的领导和编辑为本书出版提供的支持。

书中难免存在错漏之处，欢迎读者朋友们对本书提出宝贵意见。

中国人民大学法学院教授、博士生导师

中国人民大学民商事法律科学研究中心研究员

杨立新

目录

CONTENTS

第一章 侵权行为与侵权责任法

第一节 侵权行为 / 002
第二节 侵权责任法概述 / 006
第三节 侵权责任的归责原则 / 015
第四节 侵权责任的构成要件及免除责任、减轻责任的事由 / 026

第二章 责任构成和责任方式

第一节 侵权责任形态概述 / 050
第二节 共同侵权责任 / 062
第三节 侵权责任方式 / 068
第四节 侵权损害赔偿 / 076

第三章 关于责任主体的特殊规定

第一节 监护人责任 / 090
第二节 用人者责任 / 097
第三节 网络侵权责任 / 106
第四节 违反安全保障义务的侵权责任 / 109

第四章 产品责任与机动车交通事故责任

第一节 产品责任 / 116
第二节 机动车交通事故责任 / 121
第三节 机动车交通事故责任的主体及责任抗辩事由 / 125

第五章 医疗损害责任、环境污染和破坏生态责任、高度危险责任

第一节 医疗损害责任 / 130
第二节 环境污染和破坏生态责任 / 135

第三节　高度危险责任　/ 140

第六章　饲养动物致人损害责任与物件损害责任

第一节　饲养动物致人损害责任的基本理论　/ 148
第二节　饲养动物致人损害责任的特殊类型　/ 151
第三节　物件损害责任的基本理论　/ 155

附录　“练一练”参考答案　/ 162

第一章

侵权行为与侵权责任法

第一节　侵权行为

导 语

同学们，你们知道什么是侵权行为，它有哪些特征吗？媒体上有个很火的案例就主要涉及我们今天要讲授的知识点——侵权行为。那么，请大家一起来跟着我学习，并一起解答“案例索引”中的问题。

案例索引

甲在机场餐厅用餐，忽然听见广播提醒自己所乘坐的航班已经开始登机，遂匆忙起身离去。在往外走时，不小心与刚进餐厅的乙撞到一起，乙的手机掉在地上。甲连忙道歉，并将手机捡起来递给乙。乙气急败坏地说道：“这可是我刚买的新款苹果手机，摔坏了你赔得起吗?”甲连声道歉，并表示如果手机摔坏了愿意赔偿。谁知，乙说道：“告诉你，这可是玫瑰金的，是我托朋友从国外买的，你怎么赔？就你这样土得掉渣的人，一看就是穷鬼，你坐什么飞机啊。”甲终于无法忍受，与乙争吵起来。一气之下，甲将手机从乙手中夺过来重重地摔在地上，手机彻底报废。

问题：甲无意撞掉乙手机的行为和重摔乙手机的行为是否分别构成侵权，为什么？

读完案例后同学们大概已经知道侵权行为是怎样一种情况了，对于案例中的问题大家可能现在还不能解决，没关系，让我们带着问题一起进入接下来的学习吧！

知识详解

一、侵权行为的概念

侵权行为，指由于过错侵害他人的人身和财产而依法应承担侵权责任的行为，以及依法律特别规定应当承担侵权责任的其他损害行为。不法侵害他人民事权益者，叫侵权人，民事权益被侵害者叫被侵权人。

二、侵权行为的特征

（1）侵权行为是违反法定义务的行为。侵权行为人违反的法定义务来自两个方面：第一，绝对权赋予相对人不得侵害的义务。第二，法律赋予某些特定主体的特别义务。

（2）侵权行为侵害的对象是他人合法的民事权益。

（3）侵权行为包括作为和不作为两种方式的侵权行为。首先，侵权行为必须是一种客观的行为，而不能是思想活动。其次，这种客观的行为可以是作为的方式，也可以是不作为的方式。

（4）侵权行为是应当承担侵权责任的行为。

根据我们这里讲到的关于侵权行为的知识点，大家是否可以回答“案例索引”中的那个问题呢？这个案例中，甲的两种行为均构成侵权行为。甲重摔乙手机的行为是一种故意损坏他人手机的行为，应当承担侵权责任；甲无意撞掉乙手机的行为，虽然甲没有故意，但是存在过失，也符合侵权行为的基本特征，构成侵权。

前面我们已经学习了侵权行为的概念、特征，对侵权行为有了一个宏观的把握，现在我们来一起学习侵权行为的种类以及侵权行为与相关行为的区别。以下内容看似复杂实则并不晦涩难懂，希望同学们认真学习。

三、侵权行为与相关行为的区别

（一）侵权行为与犯罪行为的区别

在当代，侵权行为是民事违法行为，犯罪行为是刑事违法行为，分别由民法和刑法这两种不同的基本法来调整，无论在性质上还是在构成上都有严格区别。二者的区别如图 1－1 所示。

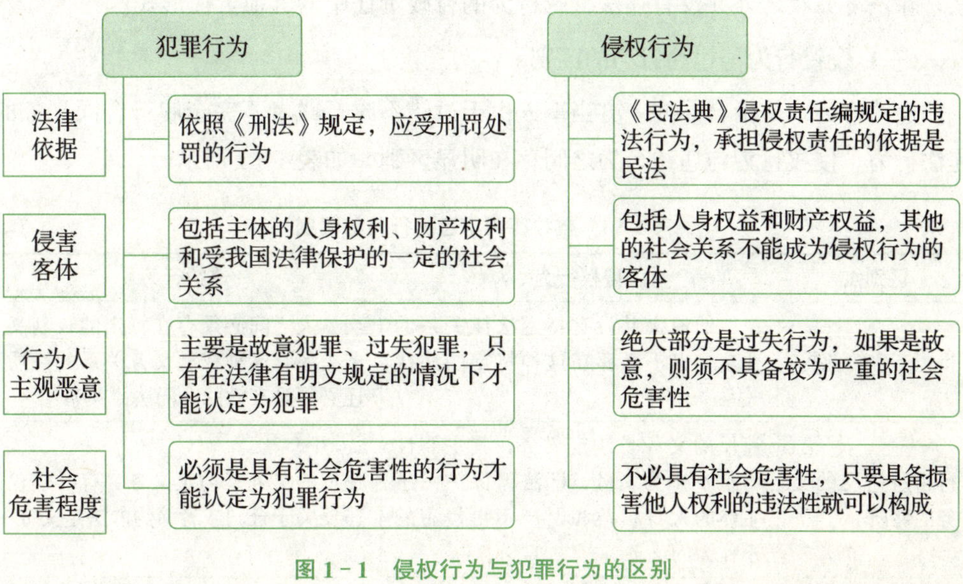

图 1－1　侵权行为与犯罪行为的区别

（二）侵权行为与行政法上的违法行为的区别

行政法上的违法行为，是指行政法律关系当事人违反行政法律规范，侵害法律保护的行政关系而尚未构成犯罪的行为。行政法上的违法行为包括两种：一是行政违法行为；二是违法行政行为。侵权行为与行政违法行为的区别如图 1－2 所示。

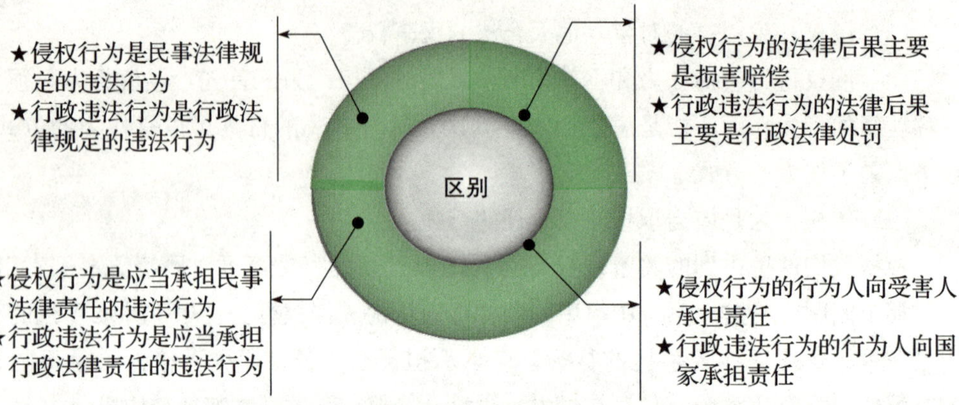

图 1－2　侵权行为与行政违法行为的区别

侵权行为与违法行政行为的区别如下：

（1）违法行政行为发生在行政管理领域之中，受行政法律调整；侵权行为发生在几乎整个社会领域，是民法所调整的违法行为。

（2）违法行政行为的行为主体只能是行政主管机关，不可能由其他主体构成；侵权行为的主体不受任何限制，几乎所有的自然人、法人和非法人组织都可以成为侵权行为的行为人。

（3）违法行政行为所承担的法律责任是行政责任，主要形式是自行纠正、撤销、返还权益、恢复原状、责令履行职责；侵权行为的法律责任则主要是损害赔偿，除恢复原状之外并没有违法行政行为的行政责任中的其他责任形式。

（三）侵权行为与违约行为的区别

违约行为，是指合同的一方当事人由于过错不履行或者不完全履行合同义务的违法行为。侵权行为与违约行为之间存在明显区别，如表 1－1 所示。

表 1－1　侵权行为与违约行为的区别

区别点	侵权行为	违约行为
行为产生的前提	产生的前提并没有特定法律关系的要求，也不必存在这种特定的法律关系	当事人之间必须存在特定的权利义务关系，这种权利义务关系的性质还必须是有效的合同法律关系
行为所违反的义务的性质	违反的义务是法定义务，其主要性质是不作为义务，即法律保护民事主体的人身权益和财产不得侵犯的不作为的义务	违反的义务是约定义务，有时候也违反关于合同或者缔约的法定义务

续表

区别点	侵权行为	违约行为
行为的主体	主体是不特定的，任何民事主体都可以成为侵权人	主体必须是特定的，即违约行为的行为人必须是合同关系中的当事人
行为侵害的对象	侵害的对象必须是绝对权，即人身权利和财产权利，在第三人侵害债权的场合，债权也是侵权行为的侵害对象	侵害的对象不是人身权和财产权这样的绝对权，而是合同债权，即相对权，且只包括合同一种债权
承担法律责任的方式	侵权行为的损害赔偿既包括财产损害，也包括人身损害和精神损害	违约行为的损害赔偿仅包括财产损害，不包括人身损害和精神损害

四、侵权行为的种类

（一）一般侵权行为与特殊侵权行为

一般侵权行为与特殊侵权行为的含义如表 1－2 所示。

表 1－2　一般侵权行为与特殊侵权行为

种类	含义	举例
一般侵权行为	行为人基于过错实施的，应适用侵权责任一般构成要件的行为	故意侵犯他人物权、泄露他人隐私等行为
特殊侵权行为	由法律直接规定，在侵权责任主体、责任构成要件和举证责任分配等方面不同于一般侵权行为	《民法典》侵权责任编第三章到第十章规定的特殊侵权行为

（二）单独侵权行为与共同侵权行为

单独侵权行为，是指由一人单独实施的侵权行为。共同侵权行为，是指由 2 人以上实施的侵权行为。共同侵权行为包括共同加害行为、共同危险行为和无意思联络的数人侵权行为（如图 1－3 所示）。

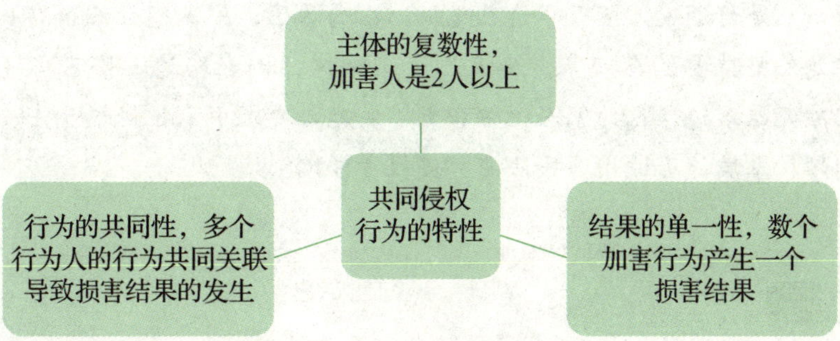

图 1－3　共同侵权行为的特性

（三）积极的侵权行为与消极的侵权行为

积极的侵权行为，是指行为人违反法定不作为义务，积极地实施某种行为构成的侵权行为；消极的侵权行为，是指行为人违反法定作为义务，消极地不实施某种行为构成的侵权行为。

本部分小结

以上主要讲授了侵权行为的基本概念、特征，侵权行为与相关行为的区别，以及侵权行为的种类。大家在学习时，尤其注意理解侵权行为与相关行为的区别，采用“比较法”加深记忆。在生活中，侵权行为经常可见，寻找生活中的实例帮助自己学习和理解本部分内容，并注意思考以下几个问题：

1. 侵权行为是如何界定的？
2. 侵权行为的特征有哪些？
3. 侵权行为的种类有哪些？
4. 侵权行为与相关行为的区别。

第二节　侵权责任法概述

导 语

同学们已经学完侵权行为的相关内容了，但是，当侵权行为发生之后，其责任承担的依据是什么呢？在我国，哪些民事利益被侵害时《民法典》才会保护呢？接下来让我们一起来学习《民法典》侵权责任编的基本理论和保护范围。

案例索引

甲与乙是好朋友，某天甲请乙吃饭，乙喝醉了，甲本想让乙留宿一晚再回家，但是乙坚持要骑车回家。路上乙迷迷糊糊摔倒在路边，恰好当晚下起大雪，乙冻死在路边，乙的家人把甲告上了法庭，要求甲承担侵权责任。

问题：本案能否适用《民法典》侵权责任编？

知识详解

一、侵权责任法的概念与特征

（一）侵权责任法的概念

侵权责任法是调整有关侵害他人人身、财产权益的行为而产生的侵权责任关系的法律规范的总和（如图 1－4 所示）。

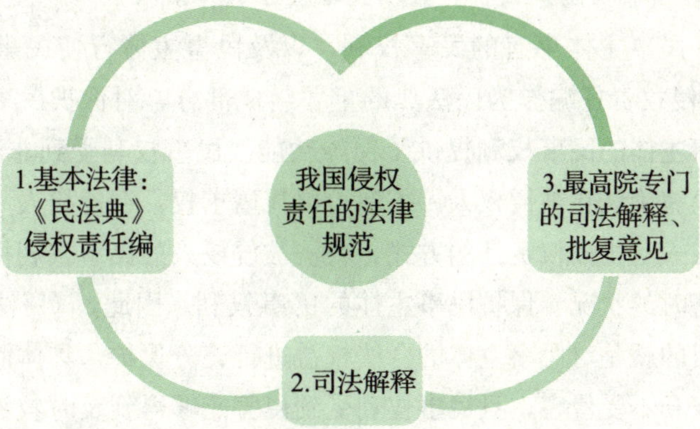

图 1－4 我国侵权责任的法律规范

（二）我国侵权责任法的特征

（1）侵权责任法是民事权益保护法。

（2）侵权责任法主要是裁判规范，而非行为规范。

（3）侵权责任法是一种强制性的法律。

二、侵权责任法的调整功能和立法目的

（一）侵权责任法的调整功能

侵权责任法的调整功能，是指通过侵权责任法的适用所应达到的目的。侵权责任法的调整功能是民法调整功能的具体体现，也是全部侵权责任法规范存在的目的。围绕侵权责任法的基本功能，侵权责任法的基本内容（包括归责原则、责任构成要件、免责条件、举证责任等）各自发挥不同的作用。

1. 补偿功能

侵权责任法的补偿功能，是指侵权责任法适用损害赔偿的手段，责令侵权人向受害人支付赔偿金，以填补受害人因侵权行为所受到的损害的法律功能。

2. 惩罚功能

惩罚功能也称作制裁功能，侵权行为是侵害他人人身权益和财产权益的违法行为，具有一定的社会危害性，因此应受到法律的制裁。

3. 预防功能

侵权责任法的预防功能是指侵权责任法不仅能够保护受害人的合法权益，而且在节约社会资源、优化资源配置、给社会提供降低侵权行为的激励方面发挥着无法取代的作用。

（二）侵权责任法的立法目的

我国《民法典》侵权责任编第 1164 条规定：“本编调整因侵害民事权益产生的

民事关系。”

1. 救济受到损害的民事权利，保护民事主体的合法权益

民法规定了民事主体享有的民事权利，以及民事主体行使民事权利的基本规则。《民法典》侵权责任编作为民法典的重要组成部分，对保护民事权利起到了重要作用，对民事主体的民事权利提供了保障功能。民事权利受到非法侵害时，《民法典》侵权责任编确认在被侵权人一方取得侵权请求权，在侵权人一方构成侵权责任，通过由侵权人承担侵权责任的方式，救济被侵权人的民事权利损害，使其恢复至没有受到损害时的状况，保护民事主体的民事权利。因此，《民法典》侵权责任编的主要立法目的就是对民事主体的合法权益进行充分保护，具体而言就是保护民事主体的民事权利不受侵害，且民事权利受到侵害能够得到及时救济，这是“以人为本”的精神的体现。

2. 确定侵权请求权的构成要件，明确侵权责任

为了实现保护民事主体合法权益的主要立法目的，《民法典》侵权责任编规定了救济民事权利损害的基本方法，也就是赋予受到侵害的民事权利主体以侵权损害请求权，被侵权人可以请求侵害其民事权利的侵权人承担损害赔偿等侵权责任。明确侵权责任，就是明确侵权责任如何构成和侵权责任如何承担的问题。因此，《民法典》侵权责任编的性质是责任法，而不仅仅是行为法，全部内容都是规定法律对侵权责任的要求。它不仅要规定确定侵权责任的归责原则和一般构成要件，规定侵权责任的方式、免责事由等侵权责任的一般要求，还要规定侵权责任的具体类型，规定特殊侵权责任的构成要求。只有明确了侵权责任，才能有效地教育不法行为人，引导人们正确行为，在民事活动中约束自己的行为；才能鼓励行为人采取积极的预防措施，减少侵权行为，努力避免和减少损害的发生。因此，《民法典》侵权责任编就是确定侵权责任的民事基本法，是通过确认侵权责任实现保护民事权利目的的法律。

3. 主要以财产性的侵权责任惩罚侵权人，制裁侵权行为

我国《民法典》侵权责任编在强调侵权法的补偿性功能之外，也强调其惩罚性。侵权行为是侵害他人民事权益的行为，具有一定的社会危害性，因此应受到法律的制裁。《民法典》侵权责任编的惩罚性主要表现在两个方面：一方面，《民法典》侵权责任编强制侵权人承担财产性民事责任，补偿被侵权人的权利损害，使侵权人接受不得不支付财产的惩罚，特别是精神损害赔偿更具有惩罚作用；另一方面，《民法典》侵权责任编采取适当承认惩罚性赔偿金的做法，对恶意侵权行为造成人身权受到损害的侵权行为，确定有限度的惩罚性赔偿金，更好地发挥对侵权人的惩罚作用。《民法典》侵权责任编正是通过上述两种途径，对侵权人科以责任，要求侵权人对自己的行为负责，促使侵权人吸取教训，同时让其他人保持警惕，达到预防并减少侵权行为的目的。因此，侵权责任法规定的责任要有一定威慑力。

4. 预防侵权行为发生，促进社会和谐稳定

不论是救济受到损害的民事权利，还是对侵权行为的制裁或惩罚，《民法典》侵权责任编的重要立法目的之一就是对侵权行为的预防。维护社会和谐稳定，是顺利推进改革发展的重要前提，是实现全面建成小康社会宏伟目标的重要保障。《民法典》侵权责任编的这种预防作用类似《刑法》的一般预防，通过对侵权行为的制裁和对侵权人的财产惩罚，发挥《民法典》侵权责任编的调整功能，在社会中发挥一般的警示作用，教育群众遵守民事法律，尊重民事权利，履行民事义务，防止侵害他人的民事权利，抑制侵权行为的蔓延，进而规范市民社会秩序，使民事法律关系流转正常进行，促进社会的和谐和稳定，保障人民安居乐业。这也是《民法典》侵权责任编作为中国特色社会主义法律体系中的支架性法律的体现。

三、我国侵权责任法的保护范围

任何法律都要明确其保护对象的范围，与其他法律相比，侵权责任法的保护对象的范围更加宽泛。原《侵权责任法》第 2 条第 2 款规定，我国侵权责任法保护的对象为民事权益，包括生命权、健康权、姓名权、名誉权、荣誉权、肖像权、隐私权、婚姻自主权、监护权、所有权、用益物权、担保物权、著作权、专利权、商标专用权、发现权、股权、继承权等人身、财产权益。《民法典》侵权责任编第 1164 条改变了列举式的做法，改用概括性较强的“民事权益”的表述，以保持新兴权益纳入侵权责任保护范围的可能。虽然随着《民法典》的施行，《侵权责任法》被废止，但是原《侵权责任法》列举的民事权益范围仍然可供参考。

（一）侵权责任法所保护的民事权利范围

我国侵权责任法保护的民事权利范围如图 1－5 所示。

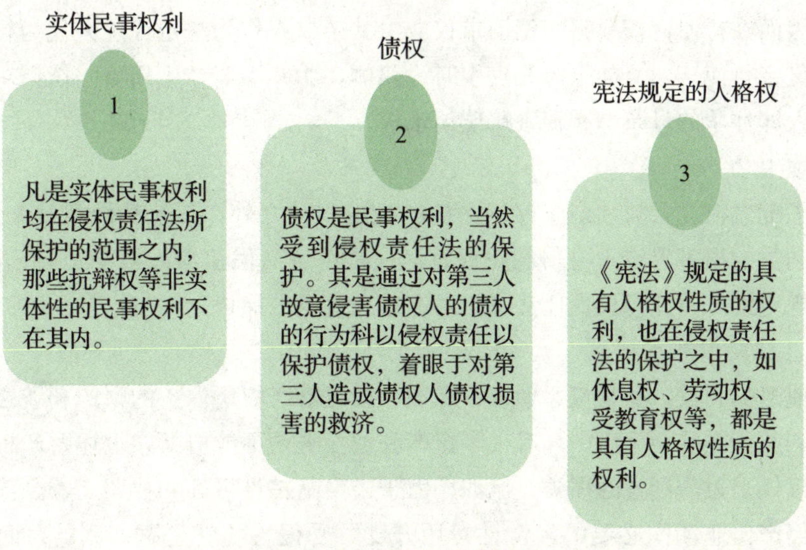

图 1－5　侵权责任法所保护的民事权利范围

（二）侵权责任法保护的民事利益范围

1. 其他人格利益

具体人格权不能涵盖但应当依法予以保护的人格利益。考虑到民事权益多种多样，立法中难以穷尽，而且随着社会、经济的发展，还会不断地有新的民事权益纳入侵权责任法的保护范围，因此，侵权责任法没有将所有的人格利益都明确列举，任何人格利益，凡是没有明文规定，但确需依法进行保护的，都可以概括在这个概念里，作为侵权责任法保护的范围。具体而言包括以下几种其他人格利益：第一，有一些在立法上没有规定，但是在理论上认为已经具有具体人格权性质的人格权，可以概括在其他人格利益中。第二，对于有可能成为新的具体人格权的人格利益，如生活安宁权、知情权等，应当概括在其他人格利益中予以保护。第三，对于具体人格权和上述人格利益无法包括的人格利益，概括在其他人格利益之中依法予以司法保护。

2. 死者人格利益

《民法典》第 994 条规定了保护死者人格利益："死者的姓名、肖像、名誉、荣誉、隐私、遗体等受到侵害的，其配偶、子女、父母有权依法请求行为人承担民事责任；死者没有配偶、子女且父母已经死亡的，其他近亲属有权依法请求行为人承担民事责任。"

3. 胎儿人格利益

《民法典》第 16 条规定："涉及遗产继承、接受赠与等胎儿利益保护的，胎儿视为具有民事权利能力。但是，胎儿娩出时为死体的，其民事权利能力自始不存在。"依照《民法典》第 16 条的原则性规定，侵权责任法保护胎儿人格利益的基本规则是：（1）胎儿在母体中受到身体损害或者健康损害，法律确认其产生损害赔偿请求权。（2）胎儿的损害赔偿请求权，在胎儿还没有出生之前，是一种潜在的权利，应待其出生后依法行使。（3）由于初生儿具有民事权利能力而不具备民事行为能力，因而在行使侵权损害赔偿请求权应由其亲权人作为法定代理人代为行使，而不是由母亲行使。（4）如果胎儿出生时为死体，胎儿不能产生损害赔偿请求权，而由受害人即怀孕的母亲享有损害赔偿请求权。

4. 其他身份利益

除了配偶权、亲权和亲属权所保护的身份利益之外，其他身份利益大量存在，对上述利益的损害界定为身份利益损害，这是符合《民法典》第 1165 条过错责任原则的规定的，因此侵权责任法应当对上述利益提供保护。

5. 其他财产利益

其他财产利益，是物权、债权、知识产权等财产权所保护的财产利益之外的其他财产利益。在社会生活中，有很多财产利益损失是不能概括在上述财产权利当中的，而仅仅是财产利益的损失。例如，由于错误吊销许可证和执照、责令停产停业造成的停产停业期间必要的经常性费用开支，受侵害的就是财产利益，而不是物权，也不是债权或者知识产权。类似的财产利益尽管都不是财产权利，但都应当得到侵权责任法的保护。

想要学好侵权责任法，一定要熟练掌握并运用相关法条。只有这样，我们在处理侵权纠纷判断责任承担时才能思路清晰，不容易混淆。现在是否能够回答“案例索引”中的问题呢？案例中，甲明知乙喝醉酒，但是没有尽到注意、照顾的义务，因此需要承担一定的责任，可以适用《民法典》侵权责任编。你答对了吗？如果答对了，我们就一起继续学习，看看侵权责任的一般条款都有哪些规定吧。

四、侵权行为一般条款的概述

（一）一般条款的概念

侵权行为一般条款，如图 1-6 所示。

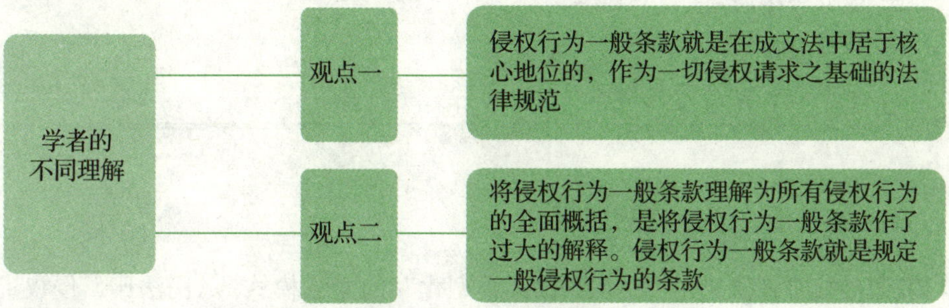

图 1-6　关于侵权行为一般条款的理解

部分国家采用的是成文法的民事立法，如德国、法国等，我国也是如此。在成文化的侵权责任法中，对侵权行为的规定，通常采用一般化方法。在侵权法的具体内容中，首先要规定侵权行为一般条款，通过侵权行为一般条款来确定一般侵权行为。一般情况而言，侵权行为一般条款实际上是关于一般侵权行为的条款，不是概括所有的侵权行为及其请求权的条款。

（二）一般条款的功能

在成文法中采用侵权法一般化的立法方法规定侵权行为一般条款，基本意义在于：

1. 简化立法

侵权行为一般条款尽量地用最简单的法律条文规定最丰富、最大量的侵权行为，从而使立法者无须对每一种特定的侵权行为类型再单独作出规定。

2. 弥补法律漏洞

侵权行为一般条款的作用之一是将所有的侵权行为都概括在一起，无论进行何种程度的侵权行为类型规定，即使随着社会的发展出现新型的侵权行为，也都将在这个条文的概括之中。

3. 高度包容性

侵权行为一般条款具有高度浓缩型，使之成为一个弹性很大、与时俱进的法律，能够包容任何符合这一条款要求的侵权行为。

4. 赋予法官概括的裁判准则

侵权行为一般条款具有高度概括性，使法官在这一条文面前具有高度的自由裁量权。

考查同学们知识点掌握情况的时刻到了，快通过这道“练一练”检测一下自己对侵权行为一般条款的掌握情况吧！

练一练 1

（多项选择题）下列属于侵权责任法的一般条款功能的是（　　）。

A. 简化立法

B. 弥补法律漏洞

C. 高度包容性

D. 赋予法官概括的裁判准则

五、我国法关于一般条款的规定

我国侵权责任法采用“一般条款+类型化”的立法模式。《民法典》侵权责任编第一章到第二章为总则性的规定，第三章到第十章为类型化的特别规定。

（一）大小搭配的双重侵权行为一般条款的形成

1.《民法典》侵权责任编设置的大小搭配的双重侵权行为一般条款

《民法典》侵权责任编在第 1164 条规定了大的侵权行为一般条款之后，又在第 1165 条规定了过错责任原则的条文，这个条文其实就是小的侵权行为一般条款。中国侵权责任法与众不同的特色之一，就在于设置了大小搭配的双重侵权行为一般条款。

2. 对大小搭配的双重侵权行为一般条款的评价

对我国大小搭配的双重侵权行为一般条款的评价是：

（1）大小搭配的双重侵权行为一般条款的立法例，既有德、法、日等国的侵权行为一般条款的立法经验，又有《埃塞俄比亚民法典》侵权法以及《欧洲统一侵权法草案》侵权行为一般条款的立法经验，结合了两种侵权行为一般条款的立法优势，合二为一，成为一个完整的体系，是各种侵权行为一般条款立法优势的结合。

（2）根据我国的实际情况，《民法典》侵权责任编还无法实现侵权行为的全面类型化，因此，仍然需要适应这种情况而规定小的侵权行为一般条款。这种做法是由我国具体国情所决定的。

（3）《民法典》侵权责任编规定侵权行为一般条款实行大小搭配，各自调整不同的侵权行为，发挥不同的作用，不是叠床架屋，而是各有所长，各有所需，相互配合，构成完整的体系。

（二）两个侵权行为一般条款的不同功能

我国侵权责任法既然与众不同，设置两个侵权行为一般条款，那么，它们各自的作用应当如何协调呢?

《民法典》侵权责任编第1164条作为大的侵权行为一般条款，它的基本作用在于：(1) 确定侵权行为范围，规定凡是侵害民事权益，依照本法应当承担侵权责任的违法行为都是侵权行为，都应当承担侵权责任。(2) 确定侵权责任法保护的范围，所有应当依法保护的民事权益，都在侵权责任法的保护之下。(3) 对于将来发生、目前无法预料的、适用过错推定原则或者无过错责任原则的特殊侵权行为，预留法律适用空间，当出现这种特殊侵权行为而没有具体规定、又不符合适用过错责任原则的一般侵权行为要求的新型侵权行为，可以直接适用大的侵权行为一般条款适用法律，确定侵权责任。

《民法典》侵权责任编第1165条规定的小的侵权行为一般条款，其调整范围是确定一般侵权行为的范围和责任构成要件，规定对一般侵权行为适用法律的一般规则，确定一般侵权行为的界限，为一般侵权行为提供请求权的法律基础。

六、侵权责任一般条款的适用规则

（一）正确适用大的侵权行为一般条款

《民法典》侵权责任编大的侵权行为一般条款的作用并不特别直接。在司法实践的操作中，大的一般条款通常不会作为裁判的直接依据。对于出现新型的适用过错推定原则或者无过错责任原则的特殊侵权行为，法律又没有特别规定，对此起到的是补充作用，可以依照这个规定，将其作为请求权的法律基础，依据其作出裁判。

尽管大的一般条款通常不会作为裁判的直接依据，但是在《民法典》侵权责任编的整个逻辑体例下，大的侵权行为一般条款起到了如下作用：第一，大的侵权行为一般条款调整所有侵权责任的法律适用。如上所述，大的侵权行为一般条款应当并且能够调整所有的侵权责任的法律适用，而不是仅仅就某一部分侵权责任的法律适用进行调整。第二，大的侵权行为一般条款统率《民法典》侵权责任编第1165条和第1166条规定的侵权损害赔偿责任。《民法典》侵权责任编第1165条和第1166条规定过错责任原则、过错推定原则和无过错责任原则，三个归责原则应当接受侵权行为一般条款的约束。适用这三个归责原则，构成侵权损害赔偿责任须具备损害要件。如果不具有损害要件，要承担停止侵害、排除妨碍、消除危险、赔礼道歉等侵权责任方式的，不在三个归责原则调整之下，不适用这三个归责原则。过错责任原则调整一般侵权行为的法律适用，而过错推定原则和无过错责任原则本来就是调整特殊侵权责任的，但均须以承担损害赔偿责任为前提。第三，大的侵权行为一般条款调整除此之外其他侵权责任的法律适用。这些侵权责任主要是：(1) 对于不须具备损害要件的非侵权损害赔偿责任，法官可以直接适用第 1164 条作出判决。(2) 根据公平分担损失责任确定双方当事人对损害的发生和扩大都没有过错的责任分担时，法官可以适用第 1164 条规定确定责任。(3) 对于新出现的特殊侵权责任，《民法典》侵权责任编分则中没有特别规定的，法官可以适用第 1164 条规定解决其法律适用问题。(4) 其他应当适用第 1164 条规定解决法律适用问题的侵权责任。

(二) 正确适用小的侵权行为一般条款

第一，法官必须对小的侵权行为一般条款有明确的认识和准确的理解。

第二，法官应当掌握一般侵权行为的基本规则，也就是小的侵权行为一般条款的基本规则。在适用上，应当遵照小的侵权行为一般条款的规定确定具体规则。这些规则是：(1) 小的侵权行为一般条款调整的范围是一般侵权行为，对于特殊侵权行为，特别是《民法典》侵权责任编第三章至第十章规定的适用过错推定原则和无过错责任原则的特殊侵权行为，不适用小的侵权行为一般条款。(2) 一般侵权责任的归责原则是过错责任原则。(3) 适用小的侵权行为一般条款，侵权责任构成要件是违法行为、损害事实、因果关系和主观过错。(4) 适用小的侵权行为一般条款，举证责任由被侵权人承担，侵权人不承担举证责任。(5) 适用小的侵权行为一般条款，侵权人承担侵权责任的责任形态主要是自己责任，即对自己实施的侵权行为自己承担侵权责任，在法律有特别规定的情况下，方可承担替代责任。

第三，法官应当敢于依照小的侵权行为一般条款依法裁判，而不能在遇到不熟悉或者以前没有遇到的侵权行为案件时就要找法律的明文规定，没有明文规定就不敢办，就不会办。法官在符合《民法典》侵权责任编第 1165 条规定的新型侵权案件面前不能缩手缩脚，不敢判决，不敢作为。

学完侵权责任一般条款的适用，请完成下面的“练一练”，检测自己是否能够真正运用大小搭配的双重侵权行为一般条款。

练一练 2

某报社记者贾某调查某镇个体开设治疗性病医院骗取钱财的不道德事件，在报纸上载文予以揭露，进行舆论监督。文章中提到一个被骗钱财的性病患者某甲，在文中对某甲使用了一个化名。恰好在临近一百多公里的另一个镇里，也有一个患同种性病的人某乙就叫这个化名。于是某乙以侵害其名誉权为由向法院提起诉讼，请求报社和记者贾某承担精神损害赔偿责任。

诉讼中，某乙还与贾某协商，要求贾某承认侵权以配合他的诉讼，胜诉后将获得的赔偿金与贾某分享，被贾某拒绝。一审法院判决报社和记者贾某构成侵权，承担赔偿责任。报社和贾某上诉，二审法院判决驳回某乙的诉讼请求。贾某又向法院起诉，要求追究某乙的恶意诉讼侵权责任。

问题：贾某要求某乙承担恶意诉讼的侵权责任是否成立？请根据侵权责任一般条款的有关知识对此予以分析。

本部分小结

学完本部分课程，大家对侵权责任法是否有所了解了呢？本部分主要讲述了侵权责任法的基本概念及一般条款的适用问题，侵权责任与我们的切身利益息息相关，无时无刻存在于我们的生活工作之中，大家一定要认真学习。课后大家可以找找生活中的实例，结合实践思考以下问题：

1. 侵权责任法的立法目的是什么？
2. 你对侵权责任的一般条款是怎么理解的？
3. 我国《民法典》侵权责任编第 1165 条的保护范围是怎样的？

第三节 侵权责任的归责原则

导 语

大家是否知道什么是归责原则？归责原则有哪几类呢？本部分主要对过错责任原则、过错推定责任原则、无过错责任原则的基本理论、具体适用以及《民法典》侵权责任编中规定的具体类型作详细介绍。在学习具体内容之前，让我们先通过一个有趣的案例来认识什么是侵权责任的归责原则吧！

案例索引

某野生动物公园新引进了两只东北虎，并专门修建了“虎山”。为了游客的安全，该动物园在“虎山”周围设置了高约 10 米的防护网，在防护网外还设置了铁栅栏以防止游客靠近防护网。不料，一位间歇性精神病患者在家人陪同下去动物园游玩时，突然发病，趁着家人没有注意从外面攀爬至防护网内，结果被老虎伤害致死。

问题：本案适用何种归责原则？该动物园是否需要承担侵权责任？

看完这个案例，同学们心中是否有了自己的答案？让我们带着问题一起进入接下来的学习吧！

知识详解

一、归责原则概述

（一）归责原则的概念

归责，是指行为人因其行为和物件造成他人损害的事实发生以后，应依何种根据使其承担责任。归责原则，则是指侵权人因其自己的行为或因由其负责的他人行为以及归其所有或管理下的物或物件致人损害的事实发生后，确定其承担侵权责任的基础或依据。归责原则是侵权责任法的灵魂，也是侵权责任法的核心规则，侵权责任法的规则体系均以归责原则为基础而构建。其根本含义是确定责任的归属，是在损害事实已经发生的情况下，为确定侵权人对自己的行为所造成的损害，以及对自己所管领下的人或者物所造成的损害，是否应当承担赔偿责任的原则。

《民法典》侵权责任编第 1165 条和第 1166 条规定了侵权损害赔偿责任的归责原则体系，分别规定了过错责任原则、过错推定原则和无过错责任原则，即行为人因过错侵害他人民事权益造成损害的，应当承担侵权责任；根据法律规定推定行为人有过错，行为人不能证明自己没有过错的，应当承担侵权责任；行为人造成他人民事权益损害，不论行为人有无过错，法律规定应当承担侵权责任的，依照其规定。

《侵权责任法》中的归责可以从以下几方面理解：

第一，归责的目的是确定侵权责任的归属。归责的根本含义，是决定侵权行为造成损害的赔偿责任的归属，即决定为侵权行为的损害结果负担赔偿责任的主体。归责，就是将侵权行为所造成的损害后果归于对此损害后果负有责任的人来承担。如果没有归责的过程，侵权行为所造成的损害后果就没有人来承担，被侵权人的损害就没有办法得到救济，侵权人的民事违法行为就不能得到民法的制裁，侵权法预防与制裁侵权行为的立法目的也无法实现。

第二，确定侵权责任的归属需要明确标准问题。既然归责的目的是决定为侵权行为损害结果承担责任的主体，即确定责任归属，那么需要有一个明确的标准来决定何人对侵权行为的结果负担责任，从而能统一法律适用，保障立法目的的实现。这种标准，是某种特定的法律价值判断因素，是归责的核心要素。侵权责任归属的标准和依据，就是法律所确认的法律价值判断因素。这种法律价值判断因素，在立法者看来有两个：过错因素和损害结果的因素。侵权行为的归责是针对侵权行为的不同情况，分别依据这种不同的法律价值判断因素，将赔偿的责任归属于对此损害负有责任的人来承担。

第三，归责不同于责任。归责是一个过程，而责任是归责的结果。如果将侵权行为的损害事实作为起点，将责任作为终点，那么，归责就是连接这两个点的一条线。因此说归责是一个复杂的责任判断过程，是归责的结果。归责只是为责任是否成立寻求根据，并不以责任的成立为最终目的。

（二）归责原则在侵权法上的主要功能

归责原则在侵权法上的主要功能如图 1－7 所示。

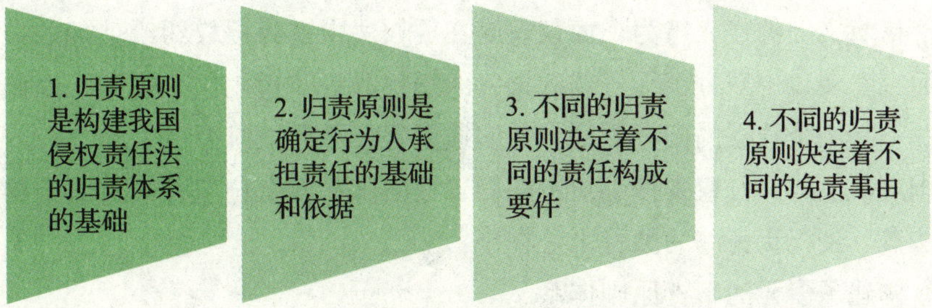

图 1－7　归责原则在侵权法上的主要功能

（三）侵权责任法上的归责原则的体系

关于归责原则体系，法学界有不同主张，主要有如图 1－8 所示的六种观点。

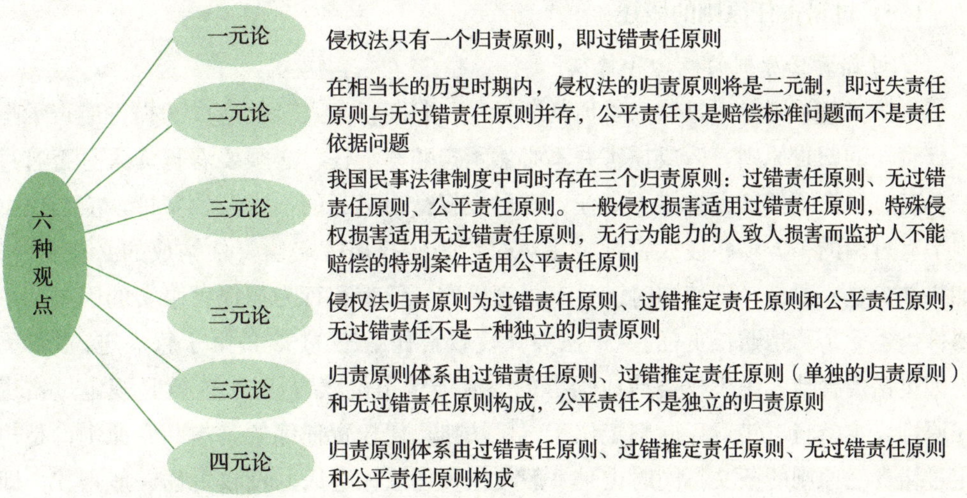

图 1－8　关于归责原则的主张

本书主张上述第三种三元论观点，即主张归责原则体系由过错责任原则、过错推定责任原则（单独的归责原则）和无过错责任原则构成，公平责任不是独立的归责原则。之所以如此主张，主要是基于《民法典》侵权责任编的规定，体现在：《民法典》侵权责任编第 1165 条第 1 款规定的是过错责任原则，过错责任原则是我国侵权法的基本归责原则，是主要的归责原则，它调整一般侵权行为的责任归属问题；第 1165 条第 2 款规定的是过错推定责任原则，过错推定原则从本质上说也是过错责任原则，其价值判断标准和责任构成要件也都与一般的过错责任原则的要求是一致的，但是过错责任原则和过错推定责任原则的调整范围完全不同、举证责任不同、适用的法律不相同、适用的侵权形态也不同；第 1166 条规定的是无过错责任原则，无过错责任原则是一个独立的归责原则，它调整的范围也与过错责任原则、过错推定原则不同，其独立地调整着部分特殊侵权行为的责任归属，具有独立存在的价值。此外，由于公平责任原则调整的范围过于狭小且不属于严格的侵权行为，即对于损害的发生，侵权人没有过错，被侵权人也没有过错的情形，这种情形并不是严格意义上的侵权行为，而仅仅是在侵权法中视为侵权纠纷处理的一种特殊情况，而且在实践中双方都无过错的损害纠纷并非一律适用这个规则，因此公平责任原则并不是一个独立的归责原则，其实质就是公平分担损失责任。

我国《民法典》侵权责任编规定的归责原则体系就由这三种归责原则构成。我国《民法典》侵权责任编的独特之处在于：

（1）构建了多元的归责原则体系。

（2）多元的归责原则体系之间具有层次性与逻辑性。

（3）注重多元归责原则的综合运用。

二、过错责任原则

（一）过错责任原则的概述

1. 过错责任原则的概念和特征

过错责任原则是以过错为价值判断标准，判断行为人对其造成的损害应否承担侵权责任的归责原则，造成损害并不必然承担赔偿责任，必须要看行为人是否有过错，有过错有责任，无过错无责任。一般侵权行为引起的损害赔偿案件，应当由主观上有过错的一方承担侵权责任，主观过错是侵权损害赔偿责任构成的必要要件，如果缺少这一要件，即使同时满足有损害事实、行为和行为与损害事实的因果关系要件，也无须承担赔偿责任。《民法典》侵权责任编第 1165 条第 1 款规定：“行为人因过错侵害他人民事权益造成损害的，应当承担侵权责任。”这就是规定过错责任原则，本条将过错责任原则定位于《民法典》侵权责任编的基本归责原则，是规定过错责任原则的条文，同时也是一般侵权责任法律适用的侵权责任一般条款，即小的侵权责任一般条款。这是我国社会经济文化发展的需要，同时也是为更有效地保护自然人、法人和非法人组织的合法权益，教育自然人、法人和非法人组织遵守法律和公共道德，预防和减少损害的发生，化解社会纠纷，促进社会和谐稳定。

在我国侵权法中，过错责任原则的内涵有：

（1）过错责任原则的性质是主观归责原则。这意味着在确定侵权人的责任时，要依行为人的主观意思状态来确定，而不是依行为或者损害等客观方面确定，这也是将过错责任原则与其他客观责任原则区别开来。由此可见，过错责任不等于加害责任和其他客观责任，加害原则是以被侵权人受到损害作为归责的价值判断标准，但如果行为人在主观上没有可非难性，一味地科以侵权责任并不合理，因此加害责任原则已经被历史淘汰。在现代侵权法中，多数侵权行为采取的是过错责任原则，即以行为人在主观上有没有过错作为归责的绝对标准，如果主观上没有过错，就无须承担赔偿责任。

（2）以过错作为侵权责任的必备构成要件。在适用过错责任原则的场合，行为人的主观过错是责任构成的必备要件之一。如果行为人在主观上没有过错，就不能构成侵权责任。在侵权法的归责原则体系中，只有过错责任原则才有这样的要求，无过错责任原则没有这样的要求。这也是过错责任原则区别于侵权责任法规则原则体系中其他原则的一个特点。

（3）以过错为责任构成的最终要件。过错责任原则以过错作为法律价值判断标准，就不仅仅要求将过错作为侵权责任构成的一般要件，而是要求将过错作为决定侵权责任构成的最终的、决定的要件。只有这样，才能彻底贯彻“无过失即无责任”的精神，将过错作为最后的和最基本的构成要件加以考察，最终确定侵权责任应当由谁来承担。

2. 过错责任原则的历史沿革

过错责任原则的历史沿革如图 1－9 所示。

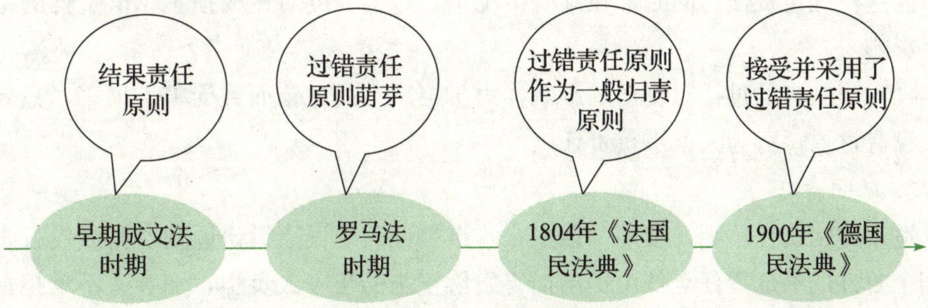

图 1－9 过错责任原则的历史沿革

（二）过错责任原则的适用规则

在实践中适用过错责任原则应掌握以下规则：

1. 适用范围

过错责任原则适用于一般侵权行为。确定的标准，是只有在法律有特别规定的情况下，才不适用过错责任原则。

2. 责任构成要件

（1）一般要求：适用过错责任原则确定赔偿责任，其构成要件是四个，即违法行为、损害事实、违法行为与损害事实之间的因果关系和过错，这四个要件缺一不可。具体而言：

第一，构成过错责任需要有违法行为，若无行为人的行为，就不会产生侵权责任，这里的违法行为包括作为和不作为。

第二，构成过错责任要求行为人行为时有过错。在过错责任原则中，过错是确定行为人是否承担侵权责任的核心要件，也是人民法院审理侵权案件的主要考虑因素。行为人的行为造成损害并不必然承担侵权责任，必须要看其是否有过错，无过错即无责任。过错分为故意和过失。故意，是指行为人预见到自己的行为会导致某一损害后果而希望或者放任该后果发生的一种主观心理状态。过失，是指行为人因疏忽或者轻信而使自己未履行应有注意义务的一种心理状态，其是侵权责任法中最常见的过错形态。

第三，构成过错责任要求受害人的民事权益受到损害。损害是指行为人的行为对受害人的民事权益造成的不利后果。此处的“民事权益”应当结合《民法典》侵权责任编第 1164 条的规定来综合理解。

第四，行为人的行为须与受害人的损害之间有因果关系方能构成过错责任。因果关系是指行为人的行为作为原因，损害事实作为结果，在二者之间存在的前者导致后者发生的客观联系。因果关系是侵权责任的重要构成要件，在行为与损害事实之间确定存在因果关系的，就有可能构成侵权责任，没有因果关系就必然地不构成侵权责任。

(2) 过错程度对损害赔偿责任的影响：在某些情况下，过错程度有时候对侵权责任构成也具有决定的作用。不过，这样的情况应当有法律明文规定，没有明文规定不能这样确定责任。同时，在某些情况下，过错程度对侵权损害赔偿责任的范围发生影响。

(3) 第三人的过错对责任的影响：由于第三人的过错而致受害人损害，只要行为人没有过错，行为人就不负责任。

3. 证明责任

适用过错责任原则，按照“谁主张，谁举证”的民事诉讼原则，构成侵权责任的四个要件的举证责任全部由提出损害赔偿主张的受害人负担，加害人不承担举证责任，如果原告举证不足或者举证不能，应当承担败诉的结果。但在特定情形，如环境污染责任中，不少环境污染损害有个积累过程，时间长，跨度大，受害群体分布广，且专业性较强，让普通受害者个人费时耗力地证明因果关系是否存在困难重重。为了保护这些受害者，需要减轻受害者的举证责任，由被告负责证明自己的行为与损害结果之间没有因果关系。

4. 侵权责任形态

在适用过错责任原则的场合，侵权责任的基本形态是自己的责任，即侵权人为自己的行为造成的损害后果负责，只有在特别场合才存在替代责任的情形。

三、过错推定责任原则

(一) 过错推定责任原则的概念

过错推定责任原则，指在法律有特别规定的场合下，根据法律规定推定行为人有过错，行为人不能证明自己没有过错的，应当承担侵权责任。《民法典》侵权责任编第 1165 条第 2 款规定：“依照法律规定推定行为人有过错，其不能证明自己没有过错的，应当承担侵权责任。”

在传统的过错责任原则下，受害人向加害人行使请求权时必须证明加害人具有过错，但过错是行为人的一种主观心理状态，受害人证明起来比较困难。加之，进入现代社会后，各种机器设备大量出现，专业分工亦极为细密，碍于专业知识所限，受害人证明加害人的过错就更为困难。为了既能维持过错责任原则的地位不被动摇，又能有效保护和救济受害人，一些国家和地区发展出了减轻受害人举证责任的规则。因此，过错推定责任原则的实质就是从侵害事实中推定行为人有过错，免除了受害人对过错的举证责任，加重了行为人的证明责任，更有利于保护受害一方的利益，也可更有效地制裁侵权行为。

推定，是指法律或法官从已知的事实推论未知事实而得出的结果。在侵权法中，过错推定是指受害人在诉讼中能够举证证明损害事实、违法行为和因果关系三个要件的情况下，推定加害人有过错，如果加害人不能证明自己对于损害的发生没有过错，对加害人的推定过错成立，并就此承担赔偿责任。

（二）过错推定责任原则的意义

适用过错推定责任原则，从损害中推定行为人有过错，那么就使受害人免除了过错要件的举证责任而处于有利诉讼地位，这加重了侵权人的责任，从而切实保护受害人的合法权益，有效制裁民事违法行为，促进社会安定团结。随着多年来的理论与实践的发展，过错推定责任原则逐渐完善，成为侵权法归责原则体系中的一个独立归责原则。

从严格的意义上讲，过错推定责任原则仍然是过错责任原则。因此，它的构成要件还是过错责任的四个构成要件。只是在适用过错责任原则的时候，在某些特殊情况下，受害人难以举出证据来证明加害人的过错。

注意

如果该侵权行为适用过错推定，则受害人无须对行为人的过错举证，而是由行为人举证自己无过错；如果该侵权行为仅适用一般的过错责任，则行为人的过错应由受害人举证。由于过错推定责任原则给行为人附加了较重的举证责任，如果行为人举证不利，则承担败诉的风险，因此，对行为人而言，这是一种较重的责任，不宜被滥用，需要由法律对适用范围作严格限定，否则就有可能限制人们的行动自由。

（三）过错推定责任原则的适用规则

过错推定责任原则的适用规则如表 1－3 所示。

表 1－3　过错推定责任原则的适用规则

适用范围	不适用于一般侵权行为，只适用于法律有特别规定的特殊侵权行为，具体类型有 7 种
责任构成要件	推定过错责任与过错责任的构成要件无原则上的不同，仍须具备损害事实、违法行为、因果关系和过错四个要件

续表

证明责任	推定过错责任与过错责任不同之处在于，推定过错责任对过错的证明采用举证责任倒置，根据基础事实，推定加害人具有过错，加害人如能证明自己没有过错，则免责。加害人仅证明第三人具有过错，不能证明自己没有过错的，不能免责。因此，原告应对违法行为、损害事实、因果关系承担举证责任，在完成上述三个要件的举证责任之后，法官直接推定被告有主观过错，不要求原告去寻求行为人在主观上存在主观过错的证明，而是从损害事实的客观要件以及它与违法行为之间的因果关系中，推定行为人主观上有过错。如果被告认为自己在主观上没有过错，则须自己举证，实行举证责任倒置，证明自己没有过错。证明成立者，推翻过错推定，否认行为人的侵权责任。被告如果证明不足或者不能证明者，则推定过错成立，行为人应当承担侵权民事责任
侵权责任形态	在适用过错推定责任原则的侵权行为中，行为人承担的责任形态基本上是替代责任，包括对人的替代责任和对物的替代责任，一般不适用自己责任的侵权责任形态

《民法典》侵权责任编规定了 7 种过错推定责任：

（1）无民事行为能力人在教育机构遭受人身损害的，推定教育机构具有过错（《民法典》侵权责任编第 1199 条）。

（2）患者因下列情形之一遭受损害的，推定医疗机构具有过错：1）违反法律、行政法规、规章以及其他有关诊疗规范的规定；2）隐匿或者拒绝提供与纠纷有关的病历资料；3）遗失、伪造、篡改或者销毁病历资料（《民法典》侵权责任编第 1222 条）。

（3）动物园饲养的动物致人损害的，推定动物园具有过错（《民法典》侵权责任编第 1248 条）。

（4）建筑物、构筑物或者其他设施及其搁置物、悬挂物发生脱落、坠落致人损害的，推定其所有人、管理人或者使用人具有过错（《民法典》侵权责任编第 1253 条）。

（5）堆放的物品倒塌致人损害的，推定堆放人具有过错（《民法典》侵权责任编第 1256 条）。

（6）林木折断致人损害的，推定林木的所有人或者管理人具有过错（《民法典》侵权责任编第 1257 条）。

（7）地面施工致人损害的，推定施工人具有过错（《民法典》侵权责任编第 1258 条）。

通过本部分所学习的内容，我们就可以对“案例索引”中的案例进行分析了。根据《民法典》侵权责任编第 1245 条的规定，动物园承担过错推定责任。动物园如能证明损害是因被侵权人故意或重大过失造成的，则表明其没有过错，免责。

四、无过错责任原则

（一）无过错责任原则的概述

1. 无过错责任原则的概念

无过错责任，又称为严格责任、危险责任或者风险责任，指在法律有特别规定的情况下，以已经发生的损害结果为价值判断标准，由与该损害结果有因果关系的行为人，不问其有无过错，都要承担侵权赔偿责任的归责原则。《民法典》侵权责任编第1166条规定：“行为人造成他人民事权益损害，不论行为人有无过错，法律规定应当承担侵权责任的，依照其规定。”此即无过错责任原则之规定，有如下特点：

(1) 不以过错作为侵权责任的构成要件。加害人不能通过证明自己没有过错而免责（同理，意外事件不能作为免责事由）。无过错责任原则要求是“无论行为人有无过错”，只要法律规定适用无过错责任原则，就依照其规定。严格责任重的“严格”也是此意。

(2) 无过错责任不问加害人过错，但需要适当考虑受害人的过错。无过错责任原则只是不考虑行为人过错，并非不考虑受害人过错。如果受害人对损害的发生也有过错的，在有的情况下可减轻，甚至免除行为人的侵权责任。因此，受害人故意一般可以构成免责事由；而受害人过失，特别是重大过失，一般可以构成过失相抵，成为减轻加害人责任的事由。

(3) 仅限于法律明文规定的情形，《民法典》侵权责任编第1166条不能单独作为起诉的依据。关于无过错责任原则的规定，是为了在一些特定领域排除过错责任原则的适用。第1166条的规定本身只是为了表明无过错责任原则在我国是与过错责任原则并列的归责原则，其并不直接具有作为裁判根据的意义。要对某一案件适用无过错责任，必须是《民法典》侵权责任编或者其他法律明确规定该类案件不以过错为承担责任的条件，《民法典》侵权责任编或者其他法律未明确规定适用无过错责任原则的案件，均属于过错责任原则的适用范围。

2. 我国立法确立无过错责任原则的目的

(1) 我国民事立法确立无过错责任原则的根本目的，在于切实保护民事主体的人身、财产的安全，更好地保护民事主体的民事权益，促使从事高度危险活动和持有高度危险物的人，产品生产者和销售者，环境污染者以及动物的饲养人、管理人等行为人，对自己的工作予以高度负责，谨慎小心从事，不断改进技术安全措施，提高工作质量，尽力保障周围人员、环境的安全。

(2) 适用这一原则的基本思想是使无故损害由国家和社会合理负担，保护受害人利益。设立无过错责任原则的主要政策目的，绝不是要使“没有过错”的人承担侵权责任，而主要是为了免除受害人证明行为人过错的举证责任，使受害人易于获得损害赔偿，使行为人不能逃脱侵权责任。无过错责任原则对于受害人来说，比过错推定责任原则更有利。在适用无过错责任原则的情况下，一旦造成损害，能迅速、及时地查清事实，尽快赔偿受害人的人身损害和财产损失。适用这一原则的基本思想在于使无辜的损害尽快由行为人合理负担，切实保护被侵权人的民事权益。

(3) 在侵权法的司法实践中，在适用无过错责任原则时应当贯彻这样的立法意图，切实保护权利人的合法权益，维护社会的稳定和正常秩序。

(二) 无过错责任原则的适用规则

1. 适用范围

依据《民法典》侵权责任编第1166条的规定，如果法律没有特别规定，不得适用无过错责任原则，无过错责任原则的以损害事实为根据，必须是在有法律规定的情况下适用。

《民法典》侵权责任编规定了以下无过错责任：

(1) 无民事行为能力人、限制民事行为能力人致人损害的，监护人承担无过错责任（《民法典》侵权责任编第1189条）。

(2) 用人单位的工作人员因执行工作任务致人损害的，用人单位承担无过错责任（《民法典》侵权责任编第1191条）。

(3) 提供个人劳务一方因劳务致人损害的，接受劳务一方承担无过错责任（《民法典》侵权责任编第1192条）。

(4) 因产品存在缺陷造成他人损害的，生产者和销售者承担的不真正连带责任，为无过错责任。销售者具有过错的，承担最终责任；销售者无过错的，生产者承担最终责任（《民法典》侵权责任编第1202～1204条）。

(5) 机动车与行人、非机动车驾驶人之间发生道路交通事故的，机动车一方承担无过错责任（《民法典》侵权责任编第1208条）。

(6) 因环境污染致人损害的，污染者承担无过错责任（《民法典》侵权责任编第1229条）。

(7) 高度危险责任中，从事高度危险作业者，高度危险物品的经营者、占有人承担无过错责任（《民法典》侵权责任编第1236～1244条）。

(8) 饲养的动物致人损害的，动物饲养人或者管理人承担无过错责任（但动物园承担过错推定责任）（《民法典》侵权责任编第1245～1247条；第1249～1250条）。

(9) 建筑物倒塌致人损害的，建设单位与施工单位承担无过错责任（《民法典》侵权责任编第1252条）。

(10) 因医疗产品致患者损害的，医疗机构与产品提供者承担不真正连带责任的，为无过错责任（《民法典》侵权责任编第1223条）。

(11) 在道路上倾倒、堆放、遗撒妨碍通行物的，行为人承担无过错责任（《民法典》侵权责任编第1256条）。

2. 责任构成要件

构成要件有三个，即违法行为、损害事实和因果关系。在适用无过错责任原则的情况下，只要具备以上三个要件，行为人就应当承担赔偿责任，而不要求具备主观过错的要件。由此可见，决定责任构成的基本要件是因果关系。当损害结果和违法行为之间具有因果关系时，侵权责任即为构成。

3. 证明责任

适用无过错责任的具体规则是：(1) 被侵权人需要对三个构成要件（违法行为、损害事实和因果关系）承担证明责任，行为人对此无须承担举证责任。(2) 在被侵权人完成上述证明责任后，如果侵权人主张不构成侵权或免责，自己应承担举证责任（举证责任倒置）。被告所要证明的不是自己无过错，而是被侵权人的故意或者重大过失是致害的原因，这也是无过错责任原则与推定过错原则的一个重要区别。(3) 行为人能够证明损害是由于被侵权人的故意或者重大过失所引起的，即免除赔偿责任。(4) 侵权人对上述举证责任举证不足或者举证不能，侵权责任即告成立，被告应承担侵权责任。

4. 侵权责任形态

一般是替代责任，包括对人的替代和对物的替代。

5. 侵权人过错的问题

在适用无过错责任原则的侵权行为中，法律只是不考虑侵权人的过错。在现实中，大多数实施无过错责任的侵权行为的行为人在行为时是有过错的，被侵权人能够提供证据加以证明。对此，可以实行以下规则：(1) 侵权人的过错对于侵权责任的构成没有意义。因为凡是在无过错责任原则适用的场合，构成侵权责任都不问过错。即使侵权人有过错，被侵权人已经证明，在这一环节也不加考虑。(2) 侵权人的过错对于侵权责任的赔偿范围具有较大的决定作用。适用无过错责任原则的，在赔偿数额上可能存在限制。许多适用无过错责任原则的活动是社会所需要的，法律允许这些活动的存在，但如果法律对这些领域发生的事故赔偿数额没有限制，就有可能过分加重行为人的负担，阻碍经济发展和企业壮大。如果侵权人确实没有过错，或者没有证明侵权人的过错，侵权人的赔偿责任按照法律的一般规定确定，承担法律规定的限额赔偿责任。(3) 如果侵权人对于损害的发生或者扩大具有过错，损害赔偿责任范围的确定应当按照过错责任原则的要求进行，凡是与其过错行为有因果关系的损害结果，都应当予以赔偿。

学了这么多的内容，大家都记住了吗？快来通过“练一练”检测一下吧！

练一练 3

某高档小区住户刘女士带狗乘坐楼内电梯。同坐电梯的关某见狗的样子奇怪便伸手去逗，不料狗突然从刘女士怀中窜出扑向关某，关某眼疾手快躲到一边，但关某身后的张某来不及躲闪，被狗咬伤。

问题：张某可以向谁主张赔偿？

本部分小结

本部分主要讲授侵权责任的归责原则，归责原则在侵权法的法律适用问题上起到了指导性的作用，它们是法官在审理侵权案件时首先要考虑的问题，只有正确运用了归责原则才能使侵权责任明晰，才能正确适用具体的法律条文。在学习时尽量将学材和法条结合记忆，学完后注意回忆以下几点内容：

1. 过错责任原则、过错推定责任原则的基本含义、构成要件和种类。
2. 无过错责任原则的基本含义、构成要件和种类。

第四节 侵权责任的构成要件及免除责任、减轻责任的事由

导语

我们都知道造成侵权就要赔偿，但是否存在例外呢？今天，我们一起来学习侵权责任的构成要件，并且探讨在哪些事由发生时，侵权人可以免除责任或减轻责任。接下来，我们来看一个小案例，分析具备哪些要件才可能构成侵权，并分析李四是否要承担赔偿责任。

案例索引

有一天，张三感觉自己生活完全没有了希望，便决定到某高速公路上自杀。在张三刚要结束生命之前，李四醉酒驾驶机动车且超速行驶。虽然李四看到了张三，但他并没有采取任何避让或制动措施，造成张三的死亡。李四是否承担赔偿责任？

知识详解

一、侵权责任构成要件概述

侵权责任构成，指构成行为人因侵权行为所承担的民事责任的所需条件。换言之，侵权责任构成是依据法律进行理性分析，确定侵权人应当承担的侵权责任，在一般的情况下由哪些要素构成，并且依据这种构成，作为判断行为人实施的行为是否成立侵权责任的标准。

侵权责任构成与侵权责任构成要件这两个概念是一个事物的两个方面，前者是指这种责任须具备哪些要素或条件才能构成，后者是构成这种责任的基本要素或具体条件是什么。从这个角度上看，这两个概念是紧密相连的，是一个有机的整体。但是，从理论上和实践上来看，这两个概念的意义和作用并不相同。

确认侵权责任构成应具备违法行为、损害事实、因果关系和过错这四个要件。构成一般侵权损害赔偿责任，这四个要件缺一不可，否则就不能认定侵权损害赔偿的民事责任。构成特殊侵权损害赔偿责任，在无过错责任原则情况下，可以不具备过错的要件；在过错推定原则情况下，仍然要具备四个要件，但过错要件是推定的，不要被侵权人举证证明。

二、违法行为

（一）违法行为的概念和结构

违法行为，是指自然人或者法人违反法定义务、违反法律的禁止而实施的作为或不作为。

违法行为作为侵权责任构成的客观要件，包括行为和违法两个要素，这两个要素构成违法行为要件的完整结构。这一结构表明，侵权行为首先必须由行为构成，而非由事件或思想等行为以外的事实构成，构成侵权责任的前提必须有一定的行为；其次，这种行为必须在客观上违反法律，具有违法性的特征，行为的违法性是构成侵权损害赔偿责任的重要条件。如果行为人的行为是合乎法律规定的行为，那么，即使这种行为造成了损害，行为人也不承担赔偿责任。

（二）行为

行为的要素如图 1－10 所示。

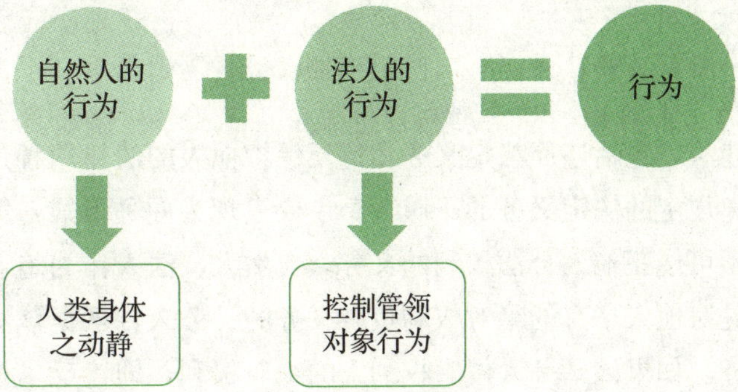

图 1－10　行为的要素

侵权责任法中的违法行为就是有责任能力的自然人或者具有法人资格的社会组织，违反法律规定，从而给被侵权人以及社会造成民事权益损害的行为。由此可见，违法行为必须是一种行为活动，并且是有责任能力，能够认识、控制自己行为的人及具有法人资格的社会组织的行为。

违法行为依其方式分为作为和不作为。作为的违法行为，即凡是违反法律规定的不作为法定义务的行为，这是侵权行为的主要方式；不作为的违法行为是指违反法律规定的作为的法定义务的行为。确定不作为违法行为的前提，是行为人负有特定的作为义务，凡是法律要求人们在某种情况下必须做某种行为时，如果负有这种义务的人不履行其义务，便是不作为的违法行为，对造成的损害，应当承担损害赔偿的责任。特定的义务不是一般的道德义务，而是法律所要求的具体义务，特定的法定作为义务的来源为以下三种：

（1）来自法律的直接规定。法律直接规定行为人负有作为义务的，为法定作为义务的来源。

示例

应喂养哺乳期子女不喂养致其饿死，为不作为侵权行为。

（2）来自业务上或职务上的要求。在业务上或者职务上要求行为人负有作为的义务，为法定作为义务的来源。

（3）来自行为人先前的行为。行为人先前的行为给他人带来某种危险，对此，必须承担避免危险的作为义务。这也是法定作为义务的来源。

示例

成年人带领未成年人进山打柴，该成年人带领未成年人进山的行为，就使其产生了保护该未成年人安全的作为义务。在遇到危险的时候，如果该成年人不予救助，则为不作为的侵权行为。

（三）违法性

违法性分为两种：

一是形式违法，包括违反法定义务和违反保护他人的法律两种违法。违反法定义务，是对法律规定的法定义务的不履行。主要表现为两种形式：第一，绝对权的义务人违反其不可侵犯他人合法权利的义务，自然人、法人作为绝对权法律关系中的义务主体，是对他人享有的绝对权利负有义务的义务人，根据该法律关系负有不可侵的法定义务。如果该义务人侵害权利人的绝对权利，即违反了该法定的不可侵义务，构成违法性。第二，相对权的第三人违反其不可侵犯他人权利的义务，按照债权相对性原则，债权债务关系原则上只约束债权关系的双方当事人，并不约束债权关系之外的第三人，但是，第三人虽然不受债权债务关系的约束，依据债权的不可侵原则，却也负有不得侵害他人债权的义务。对于违反保护他人的法律，指的是任何人对法律保护的利益（法益）应负有不可侵义务，如果违反不可侵义务，侵害他人享有的法益，则也构成违法性。

二是实质违法，即故意违背善良风俗，即在形式上并不违法，但在实质上违法。一般认为，行为既不违反法定义务，也不违反保护他人的法律，但故意违背社会公德即善良风俗而直接或间接加害于他人，也构成违法。

三、损害事实的存在

（一）损害事实的概念、结构

损害事实，是指一定的行为致使权利主体的人身权益、财产权益受到侵害，并造成财产利益和非财产利益的减少或灭失的客观事实。这里的行为也包括作为和不作为。

损害事实是由两个要素构成的：一是权利被侵害；二是权利被侵害而造成的利益损失。一个损害事实必须完整地具备侵害客体和利益损失这两个要素，缺少其中任何一个要素都不是侵权法意义上的损害事实，都不符合侵权责任构成要件的要求。损害事实的客观存在，是侵权损害赔偿法律关系赖以发生的根据，赔偿责任只有在造成了实际损害的条件下才能发生。如果仅有违法行为而无损害结果，侵权损害赔偿的民事责任无从产生。因此，被侵权人所受到的人身和财产损害这种客观存在的事实，就是侵权责任发生的前提和依据。

（二）损害事实的种类

我国《民法典》侵权责任编第 1165 条、第 1182 条和第 1184 条的规定，损害事实包括两大类：一是对人身权利和利益的损害事实；二是对财产权利和利益的损害事实。

1. 对人身权利和利益的损害事实

侵害人身权的损害事实，最终表现为人格利益损害和身份利益损害这两种不同种类。

（1）人格利益损害。

人格利益损害是侵害人格权所造成的损害事实，人格权包括身体权、健康权、生命权。由于人格权可以分为物质性人格权和精神性人格权两个类别，因而人格利益损害也分为两种不同的损害事实。

1）人身损害。人身损害是对物质性人格利益的有形损害。侵害身体权、健康权、生命权，造成的人格利益损害为有形损害。人身的有形损害，首先表现为自然人的身体侵害、健康损伤和生命丧失。人身损害事实的特征是：第一，受到损害的是人的身体、健康和生命，侵权行为造成了被侵权人致伤、致残或致死，以及造成形式上或者实质上的身体完整性损害的结果；第二，侵权行为侵害的客体是被侵权人的身体权、生命权和健康权，而不是其他权利；第三，因伤、残而造成了被侵权人的财产损失，以及造成死亡后果的死者近亲属的财产损失。

人身损害事实包括以下两种特别情况：第一，在造成人身损害发生的财产损失之外，还造成了被侵权人的精神痛苦损害，此时，精神痛苦的损害也是人身损害事实；第二，侵害身体权的损害事实多数不具有财产损失的后果，但侵害身体权造成精神痛苦的损害，也是人身损害事实。

2）人格利益的无形损害。侵害精神性人格权所造成的人格利益损害是无形的人格利益损害，包括侵害姓名权、肖像权、名称权、名誉权、信用权、荣誉权、人身自由权、隐私权、性自主权等精神性人格权以及身份权造成的损害事实。人格利益的无形损害包括了两种情形：一是侵权行为造成财产损失；二是侵权行为虽没有造成财产损失但造成了精神利益的损害且情节严重的。

（2）身份利益损害。

身份利益损害是侵害身份权所造成的损害事实。由于身份权有基本身份权和派生身份权之分，因而身份利益损害表现为两种形式，即身份利益的表层损害和身份利益的深层损害。

2. 对财产权利和利益的损害事实

财产损害也叫财产损害事实，是指侵权人的不法行为侵害他人所有的财物以及其他财产权利，致使被侵权人的财产或者财产利益遭到损坏或毁灭的损害事实。它的特征是：第一，受到损害的对象通常是物、财物，但不仅仅包括物、财物，还包括其他财产利益。第二，侵权人不法行为侵害的客体是被侵权人对被损害之物以及财产利益的财产权，包括物权、债权和知识产权。第三，对财产权利的损害实际地表现为被侵权人财产和财产利益的减损和灭失。第四，这种受损害的财物或者财产利益可以是私人所有，也可以是全民所有或者集体所有。

财产损害通常表现为财产损失，包括直接损失和间接损失。

(1) 直接损失。

直接损失是受害人现有财产的减少，也就是加害人不法行为侵害受害人的财产权利，致使受害人现有的财产利益直接受到的损失，如财物被毁损、被侵占而使受害人的财富减少。

(2) 间接损失。

间接损失是受害人的可得利益丧失，即应当得到的利益因受不法行为的侵害而没有得到，是侵权人侵害被侵权人所有的财物或者财产权利，致使被侵权人在一定范围内的未来财产利益的损失。它有三个特征：一是损失的是一种未来的可得利益，而不是既得利益。在侵害行为实施时，它只具有财产取得的可能性，还不是现实的财产利益。二是这种丧失的未来利益是具有实际意义的，是必得利益而不是假设利益。三是这种可得利益必须是在一定的范围之内，即侵权行为的直接影响所及的范围，超出该范围的不认为是间接损失。

对于财物损害间接损失的赔偿，关键在于两个方面：一是间接损失的确定；二是间接损失的计算。在确定何为间接损失，并计算出间接损失的大小之后，即可按照赔偿原则加以赔偿。间接损失是违法行为对处于增值状态中的财产损害的结果，所谓“处于增值状态的财物”，是指正常生产、经营过程中的以生产、经营资料的形式出现的财物。根据马克思的政治经济学理论，这些财物在生产、经营的过程中，只把原有的价值转移到生产、经营的成果当中，只有劳动者的劳动与这些财物结合后才会创造增值，没有处在生产、经营过程中的财物不会发生增值。因此，间接损失产生的机制，是不法行为破坏了生产者、经营者与作为生产、经营资料的财物构成的生产、经营关系中的物质条件，使生产、经营者（被侵权人）不能正常利用这一生产、经营资料进行生产、经营活动，造成了可得利益的减少和丧失。对财物损害间接损失的赔偿不是对该财物价值损失的赔偿，而是对该财物的所有者利用该财物在经营中应创造出因遭受损害而未创造出的新价值这种损失的赔偿。其法律意义在于，将生产、经营资料原有的价值和被侵权人创造的价值区分开来，如果被侵权人因其生产、经营资料遭受损害主张财物损害间接损失时，不得再就同一事实主张其误工工资的损失赔偿，因为二者均为被侵权人作为劳动者所遭受的损失。

人身损害造成的间接损失，是指侵权人侵害被侵权人的人身权利，致使被侵权人在一定范围内的未来财产利益的损失。这种间接损失与人身损害直接损失的区别是，前者是未来的可得利益的减少，如因健康权受损害不能参加劳动而少收入的工资、商标权被侵害使产品滞销所造成的收入减少等；后者则是现有财产的减少，如人身损害支出的医药费等。此外，人身损害造成的间接损失与财产损害造成的间接损失的另一个区别在于，法律已经就人身损害的赔偿项目作出了规定，在发生人身损害的间接损失时可以按照法定的标准进行赔偿。

（三）对损害事实的鉴别

损害事实是赔偿责任的前提和依据，因此，如何对损害事实作出客观的鉴别就对于这类案件的正确处理起着重要的作用。

1. 对财产直接损失的鉴别

财产的直接损失，主要应该根据该物品的原有价值、可以使用的时间以及已经使用的时间等因素，来综合判断其损失的价值。对于贵重物品的损失价值，应当聘请专家鉴定。对于一般物品可以利用下列公式加以计算：

损失价值＝原有价值－原有价值/可用时间×已用时间－残存价值

此处的“原有价值/可用时间”实际上是物品单位时间的折旧，残存价值指的是损毁的残存物的价值。有的物品损毁后有残存价值，如金属制品、木材制品等；有的物品损毁后没有残存价值，如陶瓷制品等。利用这个公式，可以准确地计算损失的价值，并且可以帮助法官检验专家鉴定结论的真伪。

2. 对财产间接损失的鉴别

财产损毁而引起的间接损失情况比较复杂，鉴别原则应该结合案情，参照同等财物正常发挥效益的平均值计算；有较大争议的，应当请专家鉴定。

3. 对人身损害的鉴别

对人身损害引起的财产损失的鉴别，以下几种情况比较复杂，如医疗机关诊断不明确；被侵权人扩大不合理的开支，虚夸损失。人身损害事实的鉴别，一般应当以医疗单位诊断证明为凭，对其中难以查清的，可以采取鉴定、会诊等方法确定。

4. 对精神损害的鉴别

对侵害人格权的损害造成财产损失的，按照实际的损失数额予以赔偿。对于没有造成财产损失但情节较重的鉴别，应当适用《民法典》侵权责任编第 1182 条规定的方法，即“侵害他人人身权益造成财产损失的，按照被侵权人因此受到的损失或者侵权人因此获得的利益赔偿；被侵权人因此受到的损失以及侵权人因此获得的利益难以确定，被侵权人和侵权人就赔偿数额协商不一致，向人民法院提起诉讼的，由人民法院根据实际情况确定赔偿数额”。

四、因果关系

（一）侵权法因果关系的概念

侵权责任构成中的因果关系要件就是侵权法中的因果关系，它是指违法行为作为原因，损害事实作为结果，在它们之间存在的前者引起后果，后者被前者所引起的客观联系。

（二）侵权法因果关系的不同学说

1. 条件说

“条件说”认为，凡是引起损害结果发生的条件都是损害结果的原因，因具备因果关系要件。

2. 原因说

“原因说”也叫作限制条件说，主张对原因和条件应加严格区别，仅承认原因与结果之间存在因果关系，而条件与结果之间则不承认有因果关系，因而法律上的原因与事实上的原因不同。这种理论的主要之点在于：原因是对结果的发生有重要贡献的条件，而其他条件则对结果的发生只起到背景的作用，无直接的贡献，其仅仅为条件，不具有对结果发生的原因力。

3. 相当因果说

“相当因果说”也称为适当条件说，这种学说认为，某一事实仅于现实情形发生某种结果，尚不能就认为有因果关系，必须在一般情形，依社会的一般观察，认为能发生同一结果的时候，才能认为有因果关系。例如，伤害他人之后，送受害人去医院治疗，不幸医院失火，致受害人烧死。这里的伤害与烧死就现实情形而言，虽然不能说没有关系，但医院失火属于意外，依一般情况，不具有相当因果关系。如果受害人受伤害后患破伤风以致死亡，则在一般情形依通常经验观察，能致死亡，故伤害行为与死亡结果之间为有因果关系。

“相当因果说”分为三种不同的观点：（1）主观的相关因果关系说。主观的相当因果关系说认为，确定适当条件应当以行为人行为时所知或者应当知道的事实为基础，作为判断的基础。将普通人所能认知，而行为人并未认知或不能认知的情形除外，不认为该行为与结果之间有因果关系。（2）客观的相当因果关系说。客观的相当因果关系说认为，确定适当条件是基于法官的立场作出判断，法官依社会一般人对行为及结果能否预见为标准，以行为发生时在客观上所表现的情事及行为所发生的结果为观察对象，决定是否为适当条件，而不是以行为人的主观方面作为主要判断依据，来确定因果关系。（3）折中的相当因果关系说。折中的相当因果关系学说综合了主观说和客观说的立场，认为应当以一般人能够认知和预见的情形以及行为人的特别认知、预见的情形为判断基础，也就是以行为时一般人所预见或可能预见以及虽然一般人不能预见而为行为人所认识或能认识的特别情事为基础，判断因果关系的有无。凡是一般人所能预见到的行为与结果之间的在伦理上的条件关系，不论行为人是否能预见，都认为存在因果关系。凡是为一般人不能预见但是站在行为人的角度考虑能预见的，也认为存在因果关系。

在行为与结果之间有其他介入的条件使因果关系判断较为困难，无法确定直接原因的，应当适用相当因果关系理论判断。确认行为是损害结果发生的适当条件的，认定行为与结果之间具有相当因果关系，否则为没有因果关系。

4. 盖然性因果关系说

盖然性因果关系说也叫作推定因果关系说，是在原告和被告之间分配证明因果关系的举证责任的理论。其基本规则是，盖然性就是可能性。例如，在公害案件的诉讼中，由原告证明公害案件中的侵权行为与损害后果之间存在一定程度的因果关联的可能性，原告就完成了自己的举证责任，然后由被告举反证，以证明其行为与原告损害之间无因果关系，不能反证或者反证不成立，即可确认因果关系成立。

在特定的场合，可以适用盖然性因果关系说认定因果关系。盖然性因果关系说就是一种推定因果关系。其基本要点，就是保护弱者，在被侵权人处于弱势，没有办法完全证明因果关系要件的时候，只要被侵权人举证证明到一定的程度，就推定行为与损害之间存在因果关系，然后由被告负责举证，证明自己行为与损害发生之间没有因果关系。

盖然性因果关系说的推定方法如下：

第一，厘清违法行为与损害事实的时间顺序。作为原因的违法行为必定在前，作为结果的损害事实必定在后。违背这一时间顺序性特征的，为无因果关系。

第二，区分违法行为与损害事实之间是否存在客观的、合乎规律的联系。如果在违法行为与损害结果之间存在盖然性联系，则应解释在法律上存在因果关系。盖然性因果联系的证明责任应当由被侵权人承担。如果可以作出与客观、无矛盾的证明，即应当认为法律上的因果关系得到了证明。

第三，排除损害事实与违法行为之间的其他可能性。当确定损害事实没有任何其他原因所致的可能时，即可断定该种违法行为是损害事实的原因，推定因果关系成立。

使用盖然性因果关系推定，就意味着被侵权人在因果关系的要件上不必承担过重的举证证明责任，只是在证明了因果关系的盖然性之后，就由法官实行推定。适用盖然性因果关系推定的侵权责任类型有环境污染责任、医疗损害责任以及其他有必要适用推定因果关系的案件。

5. 疫学因果关系说

疫学因果关系说是用医学中流行病学的原理来认定因果关系的理论，要点是，某种因素在某种疾病发生的一段时间存在着，如果发病前不存在该因素，则排除因果关系存在的可能；该因素发挥作用的程度越高，相应地患该病的罹患率就越高。换言之，该因素作用提高，病患就增多或病情加重；该因素作用降低，病患随之减少或降低；该因素的作用技能无矛盾地得到生物学的说明。这种理论改变了以往就诉讼中具体个体对因果关系证明的方法，而转以民众的罹患率为参照系，即只要原告证明被告的行为与罹患率之间的随动关系，即完成了证明责任。

五、行为人主观上有过错

（一）过错的概念与特征

过错是指行为人决定其行为的故意或者过失的主观心理状态。

过错具有以下特征：

第一，过错是一种主观心理状态。过错是一个主观的概念，是人的主观心理状态，而不是客观的表现。过错存在于人的主观心理，尽管它通过行为人的行为表现出来，但它是主观的概念，而不是客观的概念，它不包括行为，也不包括违法性。

第二，过错是行为人决定自己行为的心理状态。过错的内容是行为人决定自己的行为时的心理状态。行为人在决定自己的行为时，根据自己的价值判断，应当意识到该行为的后果。在其已经意识到自己的行为会发生损害他人民事权益的后果时，或由于疏忽或懈怠应当意识到而没有意识到这样的后果，实施这样的行为，这种主观心理状态就是有过错。在一般情况下，过错是行为人对于自己行为的后果的过错，当然也有例外。《民法典》侵权责任编第 1190 条规定的暂时丧失心智的损害责任是过错责任，这是过错形态的一种特殊情形。

第三，过错表现为行为人决定自己行为的故意或者过失。行为人在决定自己的行为时的心理状态包括两种：一种是故意；一种是过失。不论故意或者过失，都是行为人在决定自己的行为时的主观心理状态。

第四，过错是法律对行为人的行为的否定性评价。过错代表法律对行为人心理状态的否定性评价，法律认为，当行为人决定自己的行为时，如果存在过错，那么，他就要对自己的过错指导下的行为所造成的损害承担赔偿责任。如果没有过错，即使其行为造成了损害，行为人也不承担责任。

（二）过错形态

过错分为两种基本形态，即故意和过失。

故意，是行为人预见自己行为的结果，仍然希望该结果发生或者听任该结果发生的主观心理状态。在侵权法中，故意包括直接故意和间接故意两种形式。对于间接故意是否构成侵权责任的问题，可以通过与过失简单类比得出结论，即过失能够构成侵权责任，间接故意比过失的过错程度重，当然能构成侵权责任，但在要求以故意作为侵权责任构成要件的时候，间接故意则不一定构成侵权责任。

对于确定故意的标准，在侵权法上有意思主义和观念主义两种区分。意思主义强调故意必须有行为人对损害后果的“希望”或“意欲”，观念主义强调行为人认识或预见到行为的后果。由此可见，意思主义比观念主义要求更为严格。在确定标准的时候，宜采用折中主义的主张，换言之，行为人应当认识到或者预见到行为的结果，同时又希望或听任其发生。

过失，包括疏忽和懈怠。行为人对自己行为的结果，应当预见或者能够预见而没有预见，为疏忽；行为人对自己行为的结果虽然预见了却轻信可以避免，为懈怠。疏忽和懈怠，都是过失，都是受害人对应负的注意义务的违反。因此，民法上的过失，是行为人对受害人应负注意义务的疏忽或懈怠。

（三）确定注意义务的标准和主要因素

1. 确定注意义务的标准

过失是行为人对自己注意义务的违反。对于“注意义务”的客观标准，立法例上通常有三种不同的标准：

第一，普通人的注意。这种注意标准，是指在正常情况下，只用轻微的注意即可预见的情形。这种注意义务是按照一般人在通常情况下是否能够注意到作为标准。如果在通常情况下一般人也难以注意到，那么，行为人尽管没有避免损害，但也尽到了注意义务，因而不能认为行为人有过失。相反，对于一般人能够在通常情况下注意到的情况却没有注意，则应认定行为人有过失。例如，从屋内向窗外抛砖石，击中行人致伤，这就违反了普通人的注意，为有过失。这种注意标准，为客观标准。

第二，应与处理自己事务为同一注意。所谓自己事务，包括法律上、经济上、身份上一切属于自己利益范围内的事务。与处理自己事务为同一注意，应以行为人平日处理自己事务所用的注意为标准。判断这种注意义务，应以行为人在主观上是否尽到了注意的义务为标准，即主观标准。如果行为人证明自己在主观上已经尽到了注意义务，应认定其为无过失；反之，则应认定其有过失。

第三，善良管理人的注意。这种注意义务，与罗马法上的“善良家父之注意”和德国法上的“交易上必要之注意”相当，都是要以交易上的一般观念为标准，即认为具有相当知识经验的人，对于一定事件的所用注意作为标准，客观地加以认定。行为人有无尽此注意的知识和经验，以及他向来对于特定事务所用的注意程度，均不过问。只有对行为人的职业进行考察，行为人对特定事务所用的注意程度，应比普通人的注意和处理该事务的注意程度的要求更高。这种注意的标准，为客观标准。

上述三种不同的注意义务标准，从要求程度上分为三个层次，以普通人的注意为最低，以与处理自己事务为同一注意为中，以善良管理人的注意为最高。与此相适应，违反这三种注意义务，构成三种过失：

第一，重大过失。违反普通人的注意义务，为重大过失。如果行为人仅用一般人的注意，即可预见之，而竟怠于注意不为相当准备，就存在重大过失。

第二，具体过失。具体过失，是指违反应与处理自己事务为同一注意的义务。如果行为人不能证明自己在主观上已尽该种注意，即存在具体过失。

第三，抽象过失。抽象过失，是指违反善良管理人的注意义务。这种过失是抽象的，不以行为人的主观意志为标准，而以客观上应不应当做到为标准。因而，这种注意的义务最高，其未尽注意义务的过失则为抽象过失。

应当注意的是，后两种过失并不是一般过失或者轻微过失，而是轻于重大过失的过失，其程度重于一般过失以及轻微过失，是应当承担责任的过失。

2. 确定注意义务的主要因素

在确定行为人的注意义务时，必须具体化和类型化，以探究违反注意义务的实质基准。确定注意义务时，应考量以下三种因素：

第一，危险或者侵害的严重性。行为的危险性越高，所造成的侵害越重时，其注意程度应当相对提高。例如，视力不好的人从事某种易于伤害眼睛的工作时，雇主应采取特别防范措施，避免意外事故，即雇主作为替代责任人，应当尽到较高的注意义务。

第二，行为的效益。这是指对行为的目的及效用的考量，行为的效益越大，其注意义务就要相应减低。例如，医生为挽救患者的生命，进行某种困难手术时，应容许其产生副作用等可计算、可预见的危险，唯应事先告知患者并得其同意。

第三，防范避免的负担。即为除去或者减少危险而采取预防措施或替代行为所需支付的费用或不便。例如，在人口稀少的地区容许无人看管的铁路平交道口存在。

学到此处，同学们掌握了侵权责任的构成要件了吗？让我们通过一道“练一练”来检测一下自己的学习成果吧。

练一练 4

（多项选择题）下列属于过错的形式的有（　　）。

A. 直接故意

B. 间接故意

C. 疏忽

D. 懈怠

六、免除责任和减轻责任事由概述

（一）免除责任和减轻责任的事由的概念

免除责任和减轻责任的事由，是指被告所提出的证明原告的诉讼请求不成立或不完全成立的事实。因其本质上是为免除或部分免除侵权责任而提出的抗辩，所以也称“免责事由”“抗辩事由”。

一般认为免责事由和减轻责任事由的类型和范围只能由法律规定。法官的酌定应理解为公平原则在实践中的运用，而非责任抗辩。

（二）免责事由与阻却违法行为的联系与区别

免责事由与阻却违法行为都是对抗原告的侵权诉讼请求权，破坏行为人的侵权责任构成，进而免除或者减轻行为人侵权责任的具体事由。但二者的区别在于以下三点：

1. 法律体系不同

“阻却违法行为”这一概念源自大陆法系，“抗辩事由”的概念则源自英美法系。近年来，我国民法以及侵权行为法受英美法系的影响增强，因而，更多的学者将阻却违法行为称作抗辩事由，《民法典》侵权责任编则称之为免责事由。

2. 具体功能不同

免责事由与阻却违法行为的具体功能存在差别。阻却违法行为的功能是作用于侵权责任构成中的行为违法性，具体而言，如果存在阻却违法的事由，则致人损害的行为不具有违法性，进而认定构成侵权责任，最终使行为人免除或者减轻民事责任；免责事由则是着眼于侵权责任构成的整体，破坏其中任何一个侵权责任构成的具体要件，从而破坏整个责任构成，使行为人免除或者减轻责任。

3. 范围不同

免责事由的范围比阻却违法行为的范围要宽，这也是实践中多采取抗辩事由概念的原因。例如，第三人过错，不是阻却违法行为事由，而是免责事由。因此，从概括全部的减免侵权责任事由的角度上观察，免责事由的概念更为准确。

（三）免责事由的构成

侵权责任免责事由是由侵权责任的归责原则和侵权责任的构成要件派生出来的。适用不同的归责原则，就有不同的责任构成要件，因而也就有要求与归责原则和责任构成要件相适应的特定的免责事由。免责事由有效成立须具备两个构成条件：

1. 对抗性要件

对抗性要件是指能够对抗侵权责任构成的具体要件，破坏整个侵权责任构成的内在结构，使原告诉请的侵权责任归于不能成立的事实要件。免责事由虽然是对抗对方当事人的诉讼请求的事由，但它具体对抗的是侵权责任构成，破坏对方当事人请求权的成立，导致对方的诉讼请求在法律上不成立。这就是侵权免责事由的对抗性要求。侵权纠纷的被告提出的主张如果不具有对抗性，而仅仅能证明自己具有可谅解性，但不足以对抗对方当事人请求的，则不能成为免责事由。

2. 客观性要件

免责事由必须是客观事实，具有客观性的属性。免责事由必须是客观存在的、已经发生的事实，不能是主观臆断或尚未发生的情况。仅仅表明某种损害未发生，或单纯否认对方请求权不存在，不能成为免责事由。

（四）免除责任和减轻责任的事由的类型

《民法典》侵权责任编规定了 6 种不承担责任和减轻责任的情形。这 6 种情形可以分为正当理由和外来原因两类。

（1）正当理由，即侵害行为本身因具有合法性而免除责任的理由，如正当防卫、紧急避险等，属于违法阻却事由。

(2) 外来原因，则是因为不具有因果关系，或造成损害后果的原因不是唯一的，因而免除责任或减轻责任的事由，如不可抗力、受害人故意、第三人过错、受害人也有过错等，属于因果关系抗辩。

除此之外，在特殊侵权责任类型中，法律还规定了特定的责任抗辩事由。此外，从实际生活习惯中也可以推导出自甘冒险的责任抗辩作用（如体育比赛中造成的损害等）。

七、违法阻却事由

（一）自力救济

1. 正当防卫

正当防卫指为了保护自身、他人的合法民事权益遭受不法侵害，对正在进行非法侵害的人采取的一种防卫措施。依据《民法典》总则编第 181 条的规定，因正当防卫造成损害的，不承担责任。正当防卫超过必要的限度，造成不应有的损害的，正当防卫人应当承担适当的民事责任。正当防卫是保护性措施，是一种合法行为。对于因正当防卫造成的损害，防卫人不负赔偿责任。

正当防卫需要具备的要件如图 1－11 所示。

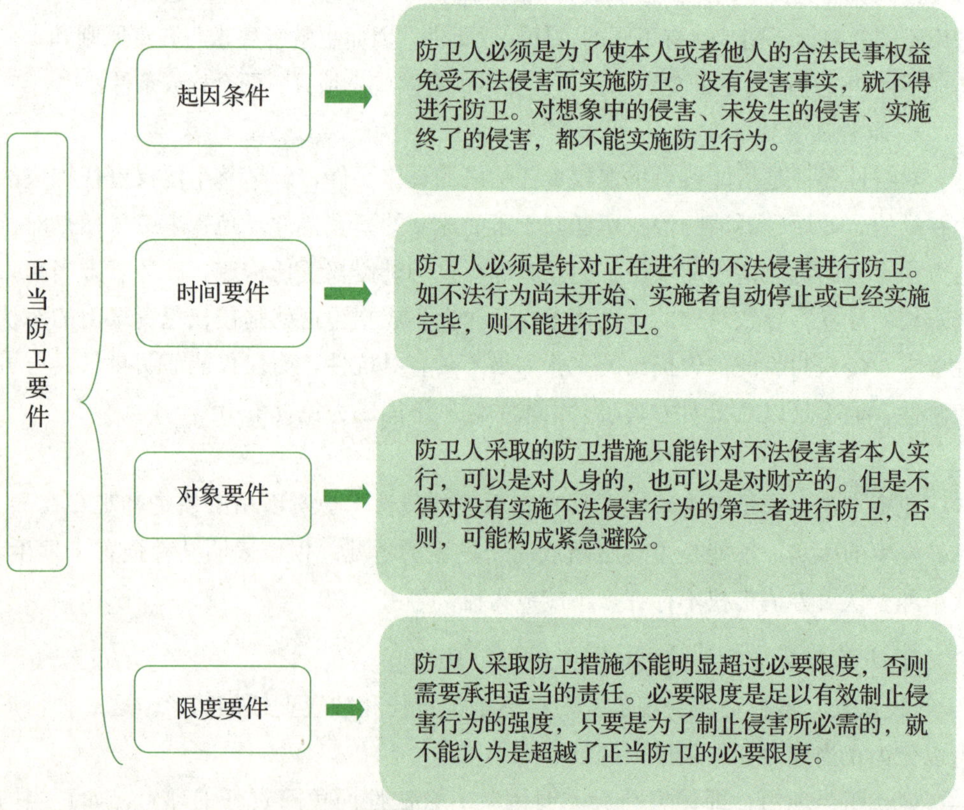

图 1－11 正当防卫要件

适用正当防卫的基本规则是：第一，构成正当防卫的，防卫人不承担侵权责任。第二，正当防卫超过必要限度，则属于防卫过当。

对于防卫过当的把握，关键在于对正当防卫必要限度的判断，民法上的正当防卫行为只能与不法侵害相适应，而一般不应超过不法侵害的强度。

判断防卫是否过当，主要是确认防卫是否超过必要限度。判断必要限度通常应当考虑两个方面：第一，不法侵害的手段和强度。凡是侵害行为本身强度不大，只需要用较缓和的手段就足以制止或排除其侵害的，如果采用较强烈的手段的，即为超出必要限度。第二，所防卫权益的性质。所防卫的权益应当与防卫反击行为的强度相适应，使用严重损害侵害者的反击方法来保卫较小的财产利益，或者用较重的反击行为来保护较小的财产利益，都是不相适应的，是超过必要限度的防卫行为。

正当防卫超过必要限度造成不应有的损害的，应当承担适当的民事责任。这种适当的民事责任包括以下三层含义：第一，防卫过当不能免除民事责任。承担适当的民事责任的含义是承担责任，而不是免责。这是因为民事责任是一种财产责任，赔偿具有补偿和制裁的双重性质，而刑罚只具有制裁性质，没有补偿性质。第二，对于防卫过当造成的损害，一般应当减轻责任。承担适当的责任中的“适当”，要求赔偿既要与防卫过当的损害后果适当，又要与案情适当，而且后者更为重要。因此，对于防卫过当造成的损害承担的责任不受全部赔偿原则限制，适当减轻防卫人的责任。这是因为：一是出现防卫的前提是侵害人的不法侵害，没有不法侵害就不会造成这种过当的后果；二是防卫人在防卫过程中，特别是在情况较危急情况下，对反击行为的控制及对后果的预见是受到限制的，不应对防卫行为要求过于苛刻。第三，故意加害行为应当全部承担赔偿责任。防卫人在防卫过程中故意对不法侵害者采取加害行为的，对其超出必要限度的损害应当全部赔偿。这是因为，在这种情况下，防卫人已经明知会超出必要限度而故意为之，是故意的违法行为，应当负担全部责任。

防卫过当的赔偿范围，应当是超出防卫限度的那部分损害。

2. 紧急避险

（1）紧急避险的概念与要件。

紧急避险指为使本人或者他人的人身、财产和其他权利免受正在发生的危险，不得已采取的避险行为。因紧急避险造成损害的，避险人不承担责任或者减轻责任。紧急避险是一种合法行为，是在两种合法利益不可能同时都得到保护的情况下，不得已而采用的牺牲其中较轻利益，保全较重大利益的行为。

危险有时来自人的行为，有时来自自然原因，无论危险的来源如何，紧急避险人避让风险、排除危险的行为都有其正当性、合法性，因此在所有国家都是作为不承担责任和减轻责任的情形之一。

依据《民法典》总则编第 182 条的规定，因紧急避险造成损害的，由引起险情发生的人承担民事责任。危险由自然原因引起的，紧急避险人不承担民事责任，可以给予适当补偿。紧急避险采取措施不当或者超过必要的限度，造成不应有的损害的，紧急避险人应当承担适当的民事责任。

紧急避险的要件如表1－4所示。

表1－4 紧急避险的要件

避险要件	具体内容
目的要件	避险人必须是为了使本人、他人的人身和财产权利免受危害的损害。
时间要件	避险人必须是对正在发生的危险，采取紧急避险行为。对于尚未发生的危险、想象的危险，都不得实施避险行为；虽有危险发生但危险已经消除，或者危险已经发生但不会造成合法利益的损害，也不得采取紧急避险。对于当事人基于对危险状况的误解、臆想而采取避险措施，造成他人利益损害的，应向他人承担民事责任。
紧迫要件	避险人必须是在不得已的情况下采取避险措施。所谓“不得已”，是指避险确有必要，如果不采取紧急避险措施就不能保全更大的法益，且这个利益是法律所保护的，而不是指避险人只能采取某一种而不能采取另一种措施避险。强调“不得已”，不是指避险人选择的手段只能是唯一的，而是指可以采取多样的措施进行避险。只要避险人的避险行为造成的损害小于可能发生的损害，避险措施就是适当的。
限度要件	避险人的避险行为不能措施不当或者超过必要限度，否则需要承担适当的责任。紧急避险的必要限度，是指在面临紧急危险时，避险人应采取适当的措施，以尽可能小的损害保全较大的法益。《民法典》规定，紧急避险行为所引起的损害应轻于所避免的损害，两者的利益衡量中，前者应明显轻于后者。紧急避险措施不当，是指在当时情况下能够采取可能减少或者避免损害的措施而未采取，或者采取的措施并非排除险情所必须；紧急避险超过必要限度，是指采取紧急避险措施没有减少损害，或者紧急避险所造成的损害大于所保全的利益。如果避险行为不仅没有减少损害，反而使造成的损害大于或等于可能发生的损害，避险行为就失去了意义，就超过了必要的限度。

（2）紧急避险与正当防卫的异同。

紧急避险与正当防卫的共同点是：第一，两者都是阻却违法行为；第二，两者成立的前提都是合法权利受到严重危险；第三，两者的目的都是保护公共利益、他人和本人的合法利益；第四，两者都造成了一定的损害。

紧急避险与正当防卫的不同点是：第一，紧急避险的危险来源多种多样，正当防卫的危险来源只是不法侵害人的非法侵害；第二，紧急避险造成的损害是排除危险的唯一方法所导致的，而正当防卫则不在此限；第三，紧急避险所造成的损害必须小于危险造成的损害，正当防卫则要求防卫所采取的手段与不法侵害相适应即可；第四，正当防卫只能对不法侵害的本人实施，而紧急避险可以对第三者实施。

（3）紧急避险造成的法律责任。

1）引起险情发生的人的责任。

在一般情况下，如果有引起险情发生的人，应由引起险情发生的人承担民事责任。其中，险情发生是由紧急避险人所引起的，由紧急避险人对自己的过错负责；险情发生是避险行为的受害人所引起的，避险受害人对自己的过错负责；险情发生是由第三人引起的，第三人对自己的过错负责。上述责任人对自己过错负责的范围，应以紧急避险必要限度或避险措施得当所造成的损失为标准，超过部分不应由其他人负担。

2）自然原因引起险情的责任。

如果危险是由自然原因引起，没有引起险情发生的人，民事责任的承担则有两种情况：一是在一般情况下，紧急避险人不承担民事责任，对造成的损失不予赔偿；二是在特殊情况下，避险人也可以承担适当的民事责任，按照《民法典》侵权责任编第 1186 条关于公平分担损失责任的规定，在当事人双方都没有过错的情况下，依照法律的规定由双方分担损失。

3）超过必要限度的赔偿。

紧急避险采取措施不当或者超过必要限度，造成不应有损害的，避险人应当承担适当的民事责任。避险人原则上不应免除责任，应当对过当部分全部负责，但可以适当减轻责任。在造成危险的行为人与受害人是同一人时，应当减轻避险过当人的责任；因避险损害人无过错的避险行为而遭受损害的，则应由避险行为人负担全部责任，对避险必要限度以内的损害，由危险行为人负担责任。

4）受益人适当补偿。

如果既没有第三者的过错，也没有实施紧急避险行为人本身的过错，并且遭受损害的人与受益人又不是同一个人的，则受益人应当适当补偿受害人的损失。这是因为受益人的利益得到保全或者减少了损失，是以牺牲受害人的利益为前提的。

3. 自助行为

自助行为，指在情事紧迫而又不能及时请求国家机关予以救助的情况下，权利人为保护自己的权利，对他人的自由加以拘束或对其财产施以扣押或损毁的行为。

自助行为的性质属于私力救济，与紧急避险、正当防卫的性质相同。自助行为与紧急避险、正当防卫的区别在于：第一，自助行为仅仅保护的是行为人自己的权益，而正当防卫和紧急避险除了保护自己的权益外，还包括保护他人、国家的权益；第二，自助行为在实施前，通常在当事人之间已经存在一种债的关系，而正当防卫和紧急避险在尚未实施之前没有发生债的关系；第三，《民法典》侵权责任编第 1177 条确立了自助行为作为免责事由，即“合法权益受到侵害，情况紧迫且不能及时获得国家机关保护，不立即采取措施将使其合法权益受到难以弥补的损害的，受害人可以在保护自己合法权益的必要范围内采取扣留侵权人的财物等合理措施；但是，应当立即请求有关国家机关处理。受害人采取的措施不当造成他人损害的，应当承担侵权责任”。

自助也有条件限制：（1）须紧急情况不能请求公力救济，或若通过公力救济，其救济会非常困难时，自助行为始为合法。（2）须为保护自己的合法权利。（3）自助行为也要有限度。具体而言，如果扣留的财务足于保证权利实现时，不得做更多扣留，行为人在实施自助行为之后，必须立即向有关机关申请援助，请求处理。行为人无故申请迟延，应立即释放被拘束自由的人或把扣押的财产归还给债务人，造成损害的还应负赔偿责任。行为人的自助行为如果不被有关国家机关事后认可，则必须立即停止侵害并对受害人负赔偿责任。（4）自助方法须为保障请求权所必需。（5）自助行为须为法律或公共道德所许可。

实施自助行为当然也会造成当事人权益损害，在一定条件下，就该损害提出的赔偿责任，自助行为人可以合法予以抗辩。

（二）自甘冒险

自甘冒险，又称危险之自愿承担、自愿者非为不当规则，指明知有危险存在，而甘愿冒险实施的行为。因受害人自甘冒险造成的损害，应由其本人承担，从而使他人享有责任的抗辩事由。

自甘风险分为明示的自甘风险和默示的自甘风险。不论何种自甘风险，构成自甘风险均须具备以下三个要件：（1）受害人知悉或者鉴识危险；（2）受害人有自愿承担之必要；（3）不违反成文法的规定。具备这些要件，就构成自甘风险，免除行为人的侵权责任。在举证责任上，如果被告原应对原告负责的，原告自愿承担危险的举证责任则应由被告承担。

在立法层面上，一直以来，我国法律上都没有明确规定自甘冒险制度。但我国在司法实践中对自甘风险归责有所适用。例如，体育比赛中，伤害事件（包括参加比赛人之间的伤害以及观众受到伤害）是不可避免的，如拳击、足球、棒球、冰球等运动，凡参加的人对其可能带来的危险是有所预料的，受到该类伤害也是由其应承受的。但是，体育运动中对其他运动员造成伤害时，行为人的责任抗辩事由须特别甄别。该抗辩事由的成立，以行为人遵守竞赛为前提。他人承受的风险也应限定在竞赛规则允许的范围内，超出该范围难以用违法阻却抗辩。

《民法典》侵权责任编第1176条确立了自助行为作为免责事由，即“自愿参加具有一定风险的文体活动，因其他参加者的行为受到损害的，受害人不得请求其他参加者承担侵权责任；但是，其他参加者对损害的发生有故意或者重大过失的除外”。

（三）受害人同意

受害人同意，是指受害人自愿承担某种损害其权益的后果的明确意思表示，且这种意思表示不违背法律和公共道德。对受害人同意范围内的损害，行为人不承担责任。

权利人有权处分自己的权利。权利人自行侵害自己的权利，只要不违反法律和善良风俗，是行使权利的行为。权利人允许他人侵害自己的权利，在一般情况下，法律并未予以禁止，这就是英美法的“自愿者无损害可言”原则。

受害人同意在《民法典》侵权责任编中并无单独明确规定，但是从该编第1219条规定的医务人员对患者负有的告知说明义务的规定，可以推导出患者知情同意是免除医院或医务人员责任的条件。尽管医务人员尽到了说明义务，并取得了患者或其近亲属同意并不当然免除责任，但是，如果患者同意医务人员在手术时又没有过错，则受害人同意即是免除责任的事由。

在我国，适用受害人同意制度需要注意的是：(1) 此允诺不得违反强行法的规定，也不得违背善良风俗，如以身体伤害为打赌标的等是被禁止的。(2) 受害人允诺与《民法典》合同编中规定的免责条款之间的关系。《民法典》合同编第506条规定："合同中的下列免责条款无效：(一) 造成对方人身损害的；(二) 因故意或者重大过失造成对方财产损失的。"该条说明在合同领域，不得以造成他人人身伤害和在故意或重大过失情况下致人财产损失为免责条款。在合同之外，则要视受害人是否承诺以及该承诺是否违反法律和善良风俗而定。(3) 受害人须有处分该权利的能力与权限。受害人允许他人侵害权利，必须是权利人对于该项权利有处分的能力与权限，否则不构成免责事由。(4) 受害人承诺须遵守一般的意思表示规则。受害人承诺的意思表示应当遵守一般意思表示规则，即须具备一般意思表示的生效要件。在一般情况下，承诺侵害自己的财产权利，应当为有效；承诺侵害自己的人身权利，则应区分具体情况，如承诺他人将自己身体致轻微伤害，属正当的意思表示；如果嘱托他人帮助自杀，或者承诺他人将自己杀死或重伤，应受事先免责条款效力规则的限制，不是正当的免责事由。(5) 受害人须有明确承诺。受害人承诺侵害自己的权利，应当采用明示方式，或者发表单方面的声明，或者制定免责条款。权利人没有明示准许侵害自己的权利的承诺，不得推定其承诺。如果受害人明知或预见到其权利可能受到损害，但其并未向加害人承诺，不构成免责事由。(6) 受害人事前放弃损害赔偿请求权。承诺侵害自己的权利和放弃损害赔偿请求权不同，放弃损害赔偿请求权不必采取明示方法，只要有准许侵害自己的权利的承诺，没有明示其放弃该请求权的，可以推定其放弃，明示不放弃损害赔偿请求权的除外。

八、外来原因

(一) 不可抗力

1. 不可抗力的概念

不可抗力，是指不能预见、不能避免并不能克服的客观情况。这种客观情况主要是自然现象，譬如地震、洪水、台风、海啸等。不可抗力是独立于人的行为之外，不受当事人意志所支配的现象，是人力所不可抗拒的力量。不可抗力的免责依据是，行为人完全因为不可抗力造成他人损害的，表明行为人的行为与损害结果之间不存在因果关系，同时表明行为人没有过错。如果让行为人对自己无法控制的损害结果承担责任，对行为人来说是不公平的，也无法起到教育和约束人们行为的积极后果。因此，很多国家都将"不可抗力"作为"免责事由"予以规定。但是，某些社会现象譬如战争、暴乱、罢工等具有不可抗力的性质，却不属于不可抗力的范围。

依据《民法典》总则编第180条的规定，因不可抗力不能履行民事义务的，不承担民事责任。法律另有规定的，依照其规定。不可抗力是指不能预见、不能避免且不能克服的客观情况。

2. 不可抗力的构成要件

根据不可抗力的规定，确定不可抗力应当符合以下要求：

（1）不可预见。

不可抗力不可预见的特点是从人的主观认识能力上来考虑的。它是指根据现有的技术水平，一般人对某种事件的发生无法预料。不可预见的标准，不能依某个人的标准，因为每个人的预见能力都是不同的，对于某种现象，某人可以预见，而他人却不一定能够预见。因此，必须以一般人的预见能力而不是特定人的预见能力为标准，来判断对某种现象是否可以预见。不过，不可预见作为不可抗力的要件并非绝对，例如尽管有可能已经预见地震，但仍然无法避免地震造成的损害，仍成立不可抗力。

（2）不可避免并不能克服。

这是指当事人已经尽到最大努力和采取一切可以采取的措施，仍然不能避免某种事件的发生并无法克服事件造成的损害后果。不可避免和不能克服，表明事件的发生和事件造成损害具有必然性。某种事件是否不能避免并不能克服也要根据具体情况决定。

（3）属于客观情况。

这是指事件外在于人的行为。不可抗力作为独立于人的行为之外的事件，不包括单个人的行为。如第三人的行为对被告来说是不可预见并不能避免的，但它并不具有外在于人的行为的客观性，第三人的行为不能被作为不可抗力对待。

3. 不可抗力的适用

在实践中应用不可抗力的基本规则是，因不可抗力造成损害的，当事人一般不承担民事责任。但是，不可抗力导致免责，必须是不可抗力成为损害发生的唯一原因，当事人对损害的发生和扩大不能产生任何作用，只有这样才能表明被告的行为与损害结果之间毫无因果关系，同时表明被告没有过错，因此应被免除责任。因此，在发生不可抗力的时候，应当查清不可抗力与造成的损害后果之间的关系，并确定当事人的活动在发生不可抗力的条件下对所造成的损害后果的作用。

4. 法律明确排除适用不可抗力的情形

《民法典》总则编在规定不可抗力时都规定了例外情形，即法律另有规定的，依照其规定。法律明确规定不适用不可抗力的情形有：

（1）因不可抗力的自然灾害造成他人损害，不能免除核设施经营人的责任，例如，民用核设施的经营人在发生核事故的情况下造成他人损害的，只有能够证明损害是因战争、武装冲突、敌对行动或者暴乱所引起，或者是因受害人故意造成的，才免除其责任。

(2) 因不可抗力的自然灾害造成他人损害的，不能免除民用航空器经营人的责任。如民用飞机在空中遭遇雷击坠毁，造成地面人员伤亡。航空公司不能以不可抗力为由，对受害人进行抗辩。

(3) 因不可抗力造成保价的给据邮件损失，不能免除邮政企业的责任。《邮政法》第48条规定，因不可抗力造成的保价的给据邮件的损失，邮政企业需要对收件人承担赔偿责任。给据邮件是指挂号信件、邮包、保价邮件等由邮政企业以及其分支机构在收寄时出具收据，投递时要求收件人签收的邮件。

(二) 受害人故意

1. 受害人故意的概念

受害人故意，是指受害人明知自己的行为会发生损害自己的后果，而希望或者放任此种结果的发生。如果受害人故意造成自己损害而让无辜的行为人承担了责任，则对行为人不公平。依据《民法典》侵权责任编第1174条的规定，损害是因受害人故意造成的，行为人不承担责任。

只有损害完全是因为受害人的故意造成的，即受害人故意的行为是损害发生的唯一原因，才能对行为人免责。如果有证据证明损害是由于受害人的故意造成，但也有证据证明行为人对损害的发生也有故意或者重大过失的，则应适用《民法典》侵权责任编第1173条的规定。在过错责任原则以及过错推定原则情况下，受害人由于自己的故意或者过失引起损害且为全部原因的，也应当免除加害人的责任。

本节“案例索引”中，因为李四存在过错，其行为完全符合侵权行为的构成要件，所以，应当承担相应的赔偿责任。但是，对于受害人故意造成损害后果，行为人不承担责任，这既适用于过错责任，也适用于无过错责任，因而本案可以减轻李四的责任。

2. 受害人故意的类型

受害人故意分为直接故意和间接故意。直接故意，是指受害人从主观上追求损害自己的结果发生；间接故意是指受害人已经预见到自己的行为可能发生损害自己的结果，但也不停止该行为，而是放任损害结果的发生。

如果侵权行为人引诱、诱惑受害人故意从事某种行为造成对受害人自己的损害，则应当认为损害是由加害人的故意而非受害人的故意造成的。此外，无民事行为能力人的故意不能视为法律上的故意。如果无民事行为能力人造成自身损害时介入了加害人的轻微过失，加害人也应当承担适当的责任。

(三) 第三人过错

1. 第三人过错的概念

第三人过错，指损害完全或者部分是由于原、被告之外的第三人过错造成的情形。依据《民法典》侵权责任编第 1175 条的规定，损害是因第三人造成的，第三人应当承担侵权责任。第三人过错的主要特征是主体上的特殊性，其过错形式则与其他类型的过错没有区别，包括故意和过失，并且第三人与被告不存在任何隶属关系。

2. 第三人过错的类型

第三人过错可以分为两种情形：

（1）第三人过错是造成损害的唯一原因。在过错责任和过错推定责任场合，被告能够证明损害完全是由第三人过错行为造成的，则免除被告的责任。在无过错责任场合，损害完全是第三人过错造成的，应区分情况判定侵权责任：

第一，被告首先承担责任。被告不能以第三人造成损害为由，对原告进行抗辩。

第二，受害人自主选择由谁承担责任。

第三，第三人承担责任。某些无过错责任情形，完全由第三人造成的损害，由第三人承担责任。

（2）第三人过错是造成损害的部分原因。如果损害是因为第三人过错与原告过错共同导致，应适用于有过错，可以减轻第三人的责任；如果损害是因为第三人过错与被告过错导致，应区分情况判定侵权责任：

第一，如果第三人与被告构成共同加害行为、共同危险行为以及需承担连带责任的无意思联络数人侵权，则第三人与被告应对原告承担连带责任。

第二，如果第三人与被告构成需承担按份责任的无意思联络数人侵权，则第三人与被告应对原告承担按份责任。

3. 第三人过错的特点

（1）过错主体是第三人。第三人是过错的主体，造成损害的过错不属于加害人或受害人的任何一方。狭义上的第三人过错，是指第三人的过错是损害发生或者扩大的唯一原因；广义上的第三人过错，则是指第三人与被告共同引起损害的发生或者扩大。这两种情况中的任何一种，都是第三人在主观上具有过错。

（2）第三人与当事人没有过错联系。如果第三人和被告之间基于共同的意思联络（如第三人为被告的帮助人）而致原告损害，将作为共同侵权行为人而对受害人负连带责任。

（3）第三人过错是免除或者减轻加害人责任的依据。第三人过错作为免责事由，其后果并非都是免责，还包括减轻责任。

（四）职务授权行为

1. 职务授权行为的概念和性质

职务授权行为也称为依法执行职务，是指依照法律的授权或者法律的规定在必要时因行使职权而损害他人的财产和人身的行为。为了保护社会公共利益和自然人的合法权益，法律允许工作人员在必要时执行自己的职务，“损害”他人的财产和人身。在这些情况下，完成有关行为的人是“有权造成损害”的。因为这种职务授权行为是一种合法行为，对造成的损害不负赔偿责任。

例如，消防队为了制止火灾的蔓延而将邻近火源的房子拆除、防疫医疗队为了消灭急性传染病而将病人所用的带菌衣物烧掉、外科医生对外伤患者作必要的截肢手术、公安人员依法开枪打伤逃犯等，都属于这种情况。

职务授权行为是合法行为，行为人对执行职务所造成的损害，不承担赔偿责任。但是，如果执行职务不正当而造成损害时，应当承担赔偿责任。

2. 职务授权行为的构成

确定行为人的行为构成职务授权行为，并将其作为免责事由，其构成要件是：

(1) 行为须有合法的授权。授权这种行为的目的，就是保护社会公共利益和自然人的合法权益。所以，没有合法授权的行为不是职务授权行为。

(2) 执行职务的行为须合法。只有合法授权尚不足以构成免责事由，行为人还必须在法律规定的范围内履行职责，才对损害后果不负责任。超越法定授权的行为，或者行为所依据的法律和法规已经失效或被撤销，或者行为本身不符合法律的要求，则不构成职务授权行为。行为合法包括执行职务的程序和方式合法。程序不合法或方式不合法而致他人损害，构成侵权行为。

(3) 执行职务的行为须为必要。职务授权行为并不是在任何情况下都会造成对自然人和法人损害，在多数情况下，损害后果的发生并不是保证执行职务行为所必需的。法律要求职务授权行为的执行职务活动是必要的，只有在不造成损害就不能执行职务时，执行职务行为才是合理的。如果造成的损害可以避免或者减少，这种行为就不构成或者不完全构成免责事由。

本部分小结

侵权责任的构成要件，是确认和追究侵权责任的基本标准和必备要件，在侵权法理论中具有极为重要的理论和实践意义。本部分主要讲了侵权责任的构成要件及相关内容，包括违法行为、损害事实的存在、因果关系、过错及侵权行为的减免责事由，大家尽量通过具体实例来理解相关概念。同时，侵权责任的构成要件是本部分的重中之重，大家在学习时要多用心，并思考以下几个问题：

1. 侵权责任构成要件有哪些，又是分别如何规定的？
2. 存在哪些免除责任和减轻责任事由？

第二章

责任构成和责任方式

第一节 侵权责任形态概述

导 语

侵权责任形态包括自己责任和替代责任、单方责任和双方责任、单独责任和共同责任等。侵权责任形态是侵权责任法的重要内容，《民法典》侵权责任编规定了侵权责任形态。在司法实践中，只有正确区分不同种类的侵权责任形态，才能正确适用侵权责任法。

案例索引

甲租借了乙的车去旅游，途中，甲驾驶不慎，撞到了路人丙，丙受伤，花去医疗费10万元，其他损失5万元。丙将甲和乙诉至法院。

问题：在上述案例中，涉及哪一类侵权责任形态？

知识详解

一、侵权责任形态的概念与特征

（一）侵权责任形态的概念

侵权责任形态，指侵权法律关系当事人承担侵权责任的不同表现形式，即侵权责任由侵权法律关系中的不同当事人按照侵权责任承担的规则承担责任的表现形式。

（二）侵权责任形态的特征

（1）侵权责任形态所关注的不是行为的表现，而是行为的法律后果，即侵权行为发生符合侵权责任构成要件要求的，由应当承担责任的当事人承担行为的后果。侵权责任形态与侵权行为类型的区别在于，侵权行为类型研究的是行为本身，而侵权责任形态研究的是侵权行为的后果，是侵权行为所引起的法律后果由谁承担。侵权责任形态与侵权责任构成的区别在于：侵权责任构成研究的是依据什么样的准则，符合什么样的条件才能构成侵权责任；侵权责任形态则是解决侵权责任构成之后确定责任由谁承担的问题。

（2）侵权责任形态表现的是侵权行为的后果由侵权法律关系当事人承担的不同

形式，与侵权责任方式不同。侵权责任形态所解决的不是侵权责任的具体表现形式，即不是解决是承担损害赔偿、停止侵害还是赔礼道歉的问题，而是解决由哪些主体来承担怎样的侵权责任的问题。因此，侵权责任形态问题其实主要是侵权责任方式在不同的当事人之间的分配问题。

（3）侵权责任形态是经过法律所确认的、合乎法律规定的侵权责任基本形式。侵权责任形态应当是经过法律的确认，不是随意的、任意的形式。侵权责任形态只规定当事人自己承担还是他人承担，是连带承担还是按份承担等，至于由当事人具体承担什么样的责任，承担责任的程度是什么，均不属于侵权责任形态规定的范围。

二、侵权责任形态的体系与内容

如前所述，侵权责任形态所研究的内容，是侵权责任在不同当事人之间的分配问题。其中主要研究的是侵权责任的一般表现形态，可以分为三个方面：自己责任和替代责任形态；单方责任和双方责任形态；单独责任和共同责任形态。

（一）自己责任和替代责任

侵权责任的自己责任和替代责任所表现的是侵权责任是由行为人承担，还是由与行为人有特定关系的责任人以及与物件具有管领关系的人来承担的问题。如果是行为人对自己的行为负责，那就是自己责任，也被称为直接责任。如果是责任人为行为人的责任负责，或者为自己管领下的物件致害负责，则为替代责任，分为对人的替代责任和对物的替代责任。

（二）单方责任和双方责任

侵权责任的单方责任和双方责任是说侵权责任事由侵权法律关系中一方负责还是双方负责。一方负责的侵权责任形态，如加害人一方负责，或受害人过错引起损害的受害人一方负责。双方责任则是加害人和受害人都要承担责任。其中，双方责任是重点。这种责任分担形态是指对于侵权行为所发生的后果，侵权人应当承担责任，受害人也要承担责任，即一个完整的侵权责任应当由加害人和受害人双方分担。双方当事人所承担的责任的总和，是这个侵权行为所产生的全部的侵权责任。双方责任包括过失相抵和公平责任。

（三）单独责任和共同责任

侵权责任如果是被告方承担，就存在一个是单独加害人和多数加害人的问题，那么，侵权责任形态就会随着加害人的数量的不同而发生变化。单独的加害人，就是自己负责或者替代责任的单独责任。二人以上的加害人承担侵权责任，就是共同形态的侵权责任。侵权责任的共同责任是在侵权行为的行为人是复数的情况下，其侵权责任总要在数个行为人之间进行分配，分别由各个行为人负担。共同责任包括连带责任、按份责任和不真正连带责任。构成共同侵权行为，共同加害人要承担连带责任；构成分别侵权行为，数个行为人要承担按份责任；构成竞合侵权行为的，则要承担不真正连带责任。

构成单独侵权行为，就构成单独责任。单独责任由实施侵权行为的人自己承担，自负其责。

接下来要学习的内容是本部分的重点，在学习时，主要应掌握我国《民法典》侵权责任编关于侵权责任形态的具体规定，并能够对每种责任形态进行举例。

三、《民法典》侵权责任编规定的侵权责任形态

侵权责任形态，是指侵权责任的不同表现形式，是对侵权责任的不同形式进行抽象和概括。侵权责任形态具有法定性、客观性和交叉性的法律特征。《民法典》侵权责任编规定的主要责任形态有以下几种：

（一）自己责任

1. 自己责任的概念

自己责任是最基本的侵权责任形态，是一般侵权行为的责任形态，指行为人因过错而实施的、适用过错责任原则和符合侵权责任的一般构成要件要求的侵权行为。它是一种违法行为人对由于自己的过错造成的他人人身损害和财产损害由自己承担的侵权责任形态。自己责任的特点是：一是违法行为人自己实施的行为；二是违法行为人自己实施的行为造成的损害；三是自己对自己实施的行为所造成的损害，由自己承担责任。这三个特点都突出了一个概念，就是“自己”，故自己责任就是为自己的行为负责的侵权责任形态。

2. 自己责任的规定

《民法典》侵权责任编第1165条第1款规定的是一般侵权行为，是自己责任的基本规则。除此之外，还有以下条文规定的都是自己责任：（1）第1194条规定：“网络用户、网络服务提供者利用网络侵害他人民事权益的，应当承担侵权责任。法律另有规定的，依照其规定。”（2）第1198条第1款规定：“宾馆、商场、银行、车站、机场、体育场馆、娱乐场所等经营场所、公共场所的经营者、管理者或者群众性活动的组织者，未尽到安全保障义务，造成他人损害的，应当承担侵权责任。”（3）第1200条规定：“限制民事行为能力人在学校或者其他教育机构学习、生活期间受到人身损害，学校或者其他教育机构未尽到教育、管理职责的，应当承担侵权责任。”

3. 自己责任的归责原则

自己责任适用过错责任原则。在我国侵权责任法中，过错责任原则是一般的归责原则。这一归责原则要求，一般侵权行为必须具备过错要件，无过错就无责任。其特点是：一是自己责任不仅应以过错为责任的构成要件，而且应以过错为责任的最终构成要件。二是自己责任实行普通的举证责任，即采取“谁主张、谁举证”原则，受害人必须就加害人的过错问题举证，否则不能获得赔偿，对过错既不能采取

推定形式来确定，也不能实行举证责任倒置。三是由于自己责任适用过错责任原则，因此，这种形态的侵权责任充分体现了民事责任的教育和预防作用，而不像特殊侵权行为的替代责任那样，注重对受害人损害的单纯补偿。

（二）替代责任

1. 替代责任的特征

替代责任是指责任人为他人的行为和为人的行为以外的自己管领下的物件所致损害承担的侵权赔偿责任形态。替代责任具有如下法律特征：

一是责任人与加害人或致害物相分离。替代责任的前提是责任人与加害人并非一人，与致害物并无直接联系，责任人并无损害他人的直接致害意愿。致害的直接原因是责任人以外的加害人，或是人之行为以外的物件。这种责任人与加害人、致害物相分离的情形，是产生赔偿责任转由责任人替代承担的客观基础。

二是责任人为加害人或致害物承担责任须以责任人与加害人或致害物之间的特定关系为前提。责任人与加害人之间的特定关系，表现为隶属、雇佣、监护、代理等身份关系；责任人与致害物之间的特定关系，表现为所有、占有、管理等物权关系。从致害的角度上看，这些关系并不表现为直接的因果关系，但是具有特定的间接联系。没有这种特定的间接联系，或者超出这种特定的间接联系，就失去了责任人承担替代责任的前提。

三是责任人为赔偿责任主体承担赔偿责任。在替代责任中，无论导致受害人损害的是人还是物，权利人请求权的指向都是未直接致害而与加害人或致害物具有特定的间接联系的责任人。在动物、工作物、建筑物致害时，其所有人、占有人或管理人为义务主体；当与责任人具有特定身份关系的加害人致害时，其责任人为义务主体，受害人请求权并不指向具体的加害人。因此在适用替代责任的情形下，不适用连带责任规则，权利人不能向他人求偿，只能向责任人求偿。

《民法典》侵权责任编明确规定对人的替代责任有以下六种：

（1）第1188条第1款前段规定："无民事行为能力人、限制民事行为能力人造成他人损害的，由监护人承担侵权责任。"

（2）第1191条第1款规定："用人单位的工作人员因执行工作任务造成他人损害的，由用人单位承担侵权责任。用人单位承担侵权责任后，可以向有故意或者重大过失的工作人员追偿。"

（3）第1191条第2款前段规定："劳务派遣期间，被派遣的工作人员因执行工作任务造成他人损害的，由接受劳务派遣的用工单位承担侵权责任"。

（4）第1192条第1款前段规定："个人之间形成劳务关系，提供劳务一方因劳务造成他人损害的，由接受劳务一方承担侵权责任。"

（5）第1218条规定："患者在诊疗活动中受到损害，医疗机构或者其医务人员有过错的，由医疗机构承担赔偿责任。"

（6）第1221条规定："医务人员在诊疗活动中未尽到与当时的医疗水平相应的

诊疗义务，造成患者损害的，医疗机构应当承担赔偿责任。”

2. 替代责任的构成要件

构成替代责任赔偿法律关系必须具备以下要件：

（1）替代责任人与加害人或致害物之间须有特定关系。

构成替代责任赔偿法律关系，在责任人和加害人、致害物之间，必须具有特定的关系。这种特定关系，在责任人与加害人之间，表现为隶属、雇佣、监护、代理等身份关系。例如，在用人者责任中，用人单位和其工作人员之间的关系，就是劳务关系，属于隶属关系。在监护人责任中，加害人实际上是无民事行为能力人或者限制民事行为能力人，而由其监护人承担责任，就是因为他们之间具有亲权关系和监护关系。在责任人与致害物之间，则必须具有管领或者支配的关系，即致害物在责任人的支配之下。

（2）替代责任人应处于特定的地位。

在替代责任中，责任人须处于特定地位。具体表现为，替代责任人在其与加害人或致害物的特定关系中所处的带有支配性质的地位，它决定了替代责任人为加害人和致害物的损害后果负责的义务的产生。例如，在对人的替代责任中，责任人都对行为人具有支配的、管理的或者约束的权力，地位明显优越于行为人。用人单位的工作人员在执行工作任务中致人损害，用人单位承担责任，是因为用人单位是其工作人员的单位、组织或者团体。他们之间具有隶属的关系，一方是支配者，一方是被支配者，地位是不平等的。在监护人的侵权责任中，监护人对被监护人而言，处于管教、管束、教育的地位，双方也不是平等的地位。

判断加害人损害后果负责的责任人的地位，主要考虑以下几个方面：双方有无确定特定关系的事实或合同；加害人是否受有责任人的报酬或抚育；加害人的活动是否受责任人的指示、监督或监护等约束；加害人是否向责任人提供劳务或公务。如果责任人是组织，加害人是否为责任人事业或组织的组成部分，是确定责任人特定地位的一个简明的标准。当责任人处于这种特定地位时，责任人应当为加害人或致害物的损害后果负责。

对于致害物而言，责任人应当处于所有人、占有人、管理人的地位，责任人对于致害物享有支配权，在事实上具有支配致害物的权利。在《民法典》侵权责任编关于特殊侵权责任的条文表述中，对于致害物的责任人并没有使用统一的概念，事实上，只要确定是致害物的占有人，即明确了责任人对于致害物的地位。

（3）加害人应处于特定状态。

在替代责任中，加害人和致害物还必须处于特定的状态。第一，当加害人属于责任人事业或组织的成员的时候，加害人的特定状态是执行职务，即执行工作任务或者提供劳务。第二，当加害人完成定作人要求的加工行为时，加害人的特定状态是执行定作人的指示。第三，当加害人是被监护人时，其特定状态是被监护人在监护人的监护之下。

致害物的特定状态，应当是致害物在责任人的管领之下。如果致害物虽然是所有权人所有，但不在所有权人的管领之下，而是在使用人的支配之下，则所有权人不是致害行为的责任人，使用人才是致害行为的责任人。例如，动物致害，但是动物并不是在所有权人控制之下，而是出租给他人使用，该动物造成他人损害，正在占有使用的承租人是支配该动物的占有人，该承租人是赔偿责任人。

3. 替代关系的赔偿关系当事人和赔偿形式

（1）赔偿关系当事人。

替代责任赔偿关系的当事人具有显著特点，即加害人与责任人相脱离，致害物不受责任人的意志支配，赔偿的义务主体是责任人而不是加害人。

为他人行为负责的特殊侵权责任，是最典型的替代责任，赔偿权利主体是受害人，赔偿责任主体体现了替代责任的特点，只能是替代责任人，而不能是加害人。

在加害人因自己的过错行为致害而由责任人承担替代责任时，责任人承担了赔偿责任之后，取得向有过错的加害人的追偿权，有过错的行为人应向替代责任人赔偿因自己的过错行为所造成的损失承担赔偿义务。这种可追偿的替代责任，实际上是在替代责任人承担赔偿责任之后又产生的一个损害赔偿法律关系，权利主体是替代责任人，义务主体是过错行为人。

在为责任人管领下的物件造成损害的替代责任中，由于致害的是物件，没有替代责任的行为人，因此，责任人直接为损害负责，是赔偿法律关系的当事人，承担赔偿义务。受害人直接向责任人请求损害赔偿。

（2）赔偿形式。

1）不可追偿的替代责任。这种替代责任是指责任人承担赔偿责任以后，并无追偿因赔偿损失而造成的损失的对象，即责任完全由责任人自己承担的替代责任。如为致害物损害负责，只能由自己承担赔偿损失的后果。监护人对于在自己的亲权和监护权支配之下的行为人所造成的损害承担赔偿责任，也是不能追偿的替代责任。

2）可追偿的替代责任。替代责任由于具备一定的条件而使责任人产生追偿权。享有这样的追偿权，责任人就可以行使自己的追偿权，向加害人要求其承担因为替加害人赔偿损失而造成的损失。追偿权的产生，就是行为人在实施致害行为的时候，在主观上具有过错。只要行为人在实施致害行为时有过错，责任人就可以依法向加害人请求赔偿。这种替代责任是指在行为人因自己的过错行为致害而由责任人承担替代责任的时候，责任人承担了替代责任之后，取得向过错的行为人的追偿权，过错行为人应向责任人赔偿因自己的过错行为所致损害所造成的损失承担赔偿义务。

3）非典型替代责任。这是指用人单位等因自己的行为造成损害应负的赔偿责任。这种赔偿责任，实际上并不具有替代责任的性质，而是为自己的行为负责，即只是法律将此类自己责任规定到替代责任之中，实际上此类侵权责任的赔偿形式与普通侵权行为要求并无严格的区别。在《民法典》侵权责任编第 1191 条规定的用人单位责任中，如果仅仅是用人单位的行为造成受害人的损害，侵害了受害人的合法权利，就应当由用人单位自己承担责任，而不能让其他人承担责任。这种赔偿法律关系实际是自己责任而不是替代责任。

（三）连带责任

1. 连带责任的概念

侵权连带责任，是指受害人有权向共同侵权人或共同危险行为人中的任何一个人或数个人请求赔偿全部损失，而任何一个共同侵权人或共同危险行为人都有义务向受害人负全部的赔偿责任；共同加害人中的一人或数人已全部赔偿了受害人的损失，则免除其他共同加害人向受害人应负的赔偿责任。《民法典》侵权责任编设置连带责任的目的，是加重行为人的责任，使受害人处于优越的地位，保障其赔偿权利的实现。例如，共同侵权人的数个行为形成一个统一的、不可分割的整体，各个行为人的行为都构成损害发生的原因，因而各行为人均应对损害结果负连带责任。确认这种连带责任，使受害人的损害赔偿请求权简便易行，举证负担较轻，请求权的实现有充分的保障，受害人不必由于共同侵权人中的一人或数人难以确定，或由于共同侵权人中的一人或数人没有足够的财产赔偿，而妨碍其应获得的全部赔偿数额。

2. 连带责任的特征

连带责任的特征主要表现在：（1）连带责任对于侵权人而言是一种比较严重的责任方式，连带责任对外是一个整体的责任。连带责任中的每个人都需要对被侵权人承担全部责任。被请求承担全部责任的连带责任人，不得以自己的过错程度等为理由只承担自己的责任。（2）连带责任对于被侵权人保护得更为充分。连带责任给了被侵权人更多的选择权，被侵权人可以请求一个或者数个连带责任人承担全部或者部分的赔偿责任。（3）连带责任是法定责任，连带责任人不能约定改变责任的性质，对于内部责任份额的约定对外不发生效力。

3. 连带责任的适用范围

关于连带责任的适用范围，《民法典》侵权责任编共规定了以下 8 种连带责任：

（1）共同侵权行为的连带责任。《民法典》侵权责任编第 1168 条规定，二人以上共同实施侵权行为，造成他人损害的，应当承担连带责任。

（2）教唆、帮助人的连带责任。《民法典》侵权责任编第 1169 条第 1 款规定，教唆、帮助他人实施侵权行为的，应当与行为人承担连带责任。

（3）共同危险行为的连带责任。《民法典》侵权责任编第 1170 条规定，二人以上实施危及他人人身、财产安全的行为，其中一人或者数人的行为造成他人损害，能够确定具体侵权人的，由侵权人承担责任；不能确定具体侵权人的，行为人承担连带责任。

（4）网络服务提供者经通知而未采取必要措施的连带责任。《民法典》侵权责任编第1195条规定，网络用户利用网络服务实施侵权行为的，权利人有权通知网络服务提供者采取删除、屏蔽、断开链接等必要措施。通知应当包括构成侵权的初步证据及权利人的真实身份信息。网络服务提供者接到通知后，应当及时将该通知转送相关网络用户，并根据构成侵权的初步证据和服务类型采取必要措施；未及时采取必要措施的，对损害的扩大部分与该网络用户承担连带责任。

（5）网络服务提供者明知侵权内容未采取必要措施的连带责任。《民法典》侵权责任编第1197条规定，网络服务提供者知道或者应当知道网络用户利用其网络服务侵害他人民事权益，未采取必要措施的，与该网络用户承担连带责任。

（6）非法买卖拼装或者报废机动车的连带责任。《民法典》侵权责任编第1214条规定，以买卖或者其他方式转让拼装或者已经达到报废标准的机动车，发生交通事故造成损害的，由转让人和受让人承担连带责任。

（7）遗失、抛弃高度危险物的连带责任。《民法典》侵权责任编第1241条规定，遗失、抛弃高度危险物造成他人损害的，由所有人承担侵权责任。所有人将高度危险物交由他人管理的，由管理人承担侵权责任；所有人有过错的，与管理人承担连带责任。

（8）非法占有高度危险物的连带责任。《民法典》侵权责任编第1242条规定，非法占有高度危险物造成他人损害的，由非法占有人承担侵权责任。所有人、管理人不能证明对防止非法占有尽到高度注意义务的，与非法占有人承担连带责任。

4. 连带责任的确定原则

连带责任人对外承担了赔偿责任后，需要在内部确定各自的责任。连带责任人的赔偿数额应当根据各自责任大小确定。责任的大小一般依据以下原则来确定：

（1）根据连带责任人各自的过错确定责任大小。大多数侵权行为以过错为构成要件，将过错程度作为确定连带责任人之间责任的，能够体现公平的原则，也是我国司法实践的通常做法。确定赔偿数额时，应当对每个责任主体在实施侵权行为时的过错进行比较，有故意或者有重大过失等较大过错的，承担的赔偿数额较大；过错较小的，比如只有轻微过失的，可以承担较少的赔偿数额。

（2）对造成损害的原因力进行比较。原因力是指在构成损害结果的多个原因中，每一个原因对于损害结果发生或者扩大所起的作用。原因力也是确定连带责任人赔偿数额的一个方面，特别是在无过错责任的情况下，需要对各责任主体在实施侵权行为时所起作用进行比较，所起的作用较大的，应当承担较大的赔偿数额；所起的作用较小的，可以分担较小的赔偿数额。

（3）通过过错、原因力等比较后仍难以确定赔偿数额的，在连带责任人之间平均分担赔偿数额。如果根据过错和原因力难以确定连带责任人责任大小的，可以视为各连带责任人的过错程度和原因力大小是相当的，在这种情况下应当由连带责任人平均承担赔偿责任。

在一个或者数个连带责任人清偿了全部赔偿数额后，支付了赔偿费用的连带责任人有权向其他连带责任人追偿。连带责任中的追偿权，《民法典》总则编第 178 条规定："实际承担责任超过自己责任份额的连带责任人，有权向其他连带责任人追偿。"追偿权在连带责任的内部关系中处于重要的地位，能保障连带责任人内部合理分担风险。

学习到了这里，是不是就很清楚了，本节"案例索引"中的甲与乙承担的是连带责任。如果你回答对了，就一起进入下面的学习吧。

（四）按份责任

1. 按份责任的概念

按份责任，是分别承担侵权行为的责任后果，指的是无过错联系的数人实施的行为结合在一起，造成了一个共同的损害结果，每个人按照自己的过错和原因力，按份承担责任份额的侵权责任形态。《民法典》总则编第 177 条规定："二人以上依法承担按份责任，能够确定责任大小的，各自承担相应的责任；难以确定责任大小的，平均承担责任。"

2. 按份责任的类型

《民法典》侵权责任编规定了两种按份责任：

（1）无过错联系的共同加害行为的后果是按份责任。《民法典》第 1172 条规定："二人以上分别实施侵权行为造成同一损害，能够确定责任大小的，各自承担相应的责任；难以确定责任大小的，平均承担责任。"

（2）环境污染责任中适用市场份额规则的侵权责任适用按份责任。《民法典》第 1231 条规定："两个以上侵权人污染环境、破坏生态的，承担责任的大小，根据污染物的种类、浓度、排放量，破坏生态的方式、范围、程度，以及行为对损害后果所起的作用等因素确定。"

3. 按份责任的构成要件

（1）二人以上分别实施侵权行为。这一要件要求数个侵权行为相互之间是独立的。

（2）造成同一损害后果。

（五）不真正连带责任

1. 不真正连带责任的概念

侵权责任法意义上的不真正连带责任，是指多数行为人违反法定义务，对一个受害人实施加害行为，或者不同的行为人的基于不同的行为而致使受害人的权利受到损害，各个行为人产生的同一内容的侵权责任，各负全部赔偿责任，并因行为人之一的履行而使全体责任人的责任归于消灭的侵权责任形态。

2. 不真正连带责任的适用范围

《民法典》侵权责任编对不真正连带责任没有规定一般性规则，只是在个别的特殊侵权责任中规定了不真正连带责任的适用，并且在其中规定了规则。不真正连带责任适用于竞合侵权行为。由于竞合侵权行为分为提供条件的竞合侵权行为、提供条件＋政策考量的竞合侵权行为、提供机会的竞合侵权行为和提供平台的竞合侵权行为四种类型，因而不真正连带责任也分为四种类型：一是典型的不真正连带责任；二是先付责任；三是补充责任；四是相应责任。

（1）典型的不真正连带责任。

《民法典》侵权责任编规定的典型的不真正连带责任包括以下几种情形：

第1203条规定："因产品存在缺陷造成他人损害的，被侵权人可以向产品的生产者请求赔偿，也可以向产品的销售者请求赔偿。产品缺陷由生产者造成的，销售者赔偿后，有权向生产者追偿。因销售者的过错使产品存在缺陷的，生产者赔偿后，有权向销售者追偿。"

第1223条规定："因药品、消毒产品、医疗器械的缺陷，或者输入不合格的血液造成患者损害的，患者可以向药品上市许可持有人、生产者、血液提供机构请求赔偿，也可以向医疗机构请求赔偿。患者向医疗机构请求赔偿的，医疗机构赔偿后，有权向负有责任的药品上市许可持有人、生产者、血液提供机构追偿。"

第1233条规定："因第三人的过错污染环境、破坏生态的，被侵权人可以向侵权人请求赔偿，也可以向第三人请求赔偿。侵权人赔偿后，有权向第三人追偿。"

第1250条规定："因第三人的过错致使动物造成他人损害的，被侵权人可以向动物饲养人或者管理人请求赔偿，也可以向第三人请求赔偿。动物饲养人或者管理人赔偿后，有权向第三人追偿。"

（2）先付责任。

以下三种侵权行为适用先付责任规则：

《民法典》侵权责任编第1204条规定："因运输者、仓储者等第三人的过错使产品存在缺陷，造成他人损害的，产品的生产者、销售者赔偿后，有权向第三人追偿。"

《民法典》侵权责任编第1253条规定："建筑物、构筑物或者其他设施及其搁置物、悬挂物发生脱落、坠落造成他人损害，所有人、管理人或者使用人不能证明自己没有过错的，应当承担侵权责任。所有人、管理人或者使用人赔偿后，有其他责任人的，有权向其他责任人追偿。"

《民法典》侵权责任编第1252条第1款规定："建筑物、构筑物或者其他设施倒塌、塌陷造成他人损害的，由建设单位与施工单位承担连带责任，但是建设单位与施工单位能够证明不存在质量缺陷的除外。建设单位、施工单位赔偿后，有其他责任人的，有权向其他责任人追偿。"

（3）补充责任。

《民法典》侵权责任编规定补充责任有两种形式：

一是完全的补充责任，即凡是直接责任人不能承担的责任，都要全部补充。

《民法典》侵权责任编第 1188 条第 2 款规定："有财产的无民事行为能力人、限制民事行为能力人造成他人损害的，从本人财产中支付赔偿费用；不足部分，由监护人赔偿。"

二是相应的补充责任，不是全部补充的责任，而是以行为的原因力和过错程度确定所要补充范围的责任形态。《民法典》侵权责任编第 1191 条第 2 款规定："劳务派遣期间，被派遣的工作人员因执行工作任务造成他人损害的，由接受劳务派遣的用工单位承担侵权责任；劳务派遣单位有过错的，承担相应的责任。"第 1198 条第 2 款规定："因第三人的行为造成他人损害的，由第三人承担侵权责任；经营者、管理者或者组织者未尽到安全保障义务的，承担相应的补充责任。经营者、管理者或者组织者承担补充责任后，可以向第三人追偿。"第 1201 条规定："无民事行为能力人或者限制民事行为能力人在幼儿园、学校或者其他教育机构学习、生活期间，受到幼儿园、学校或者其他教育机构以外的第三人人身损害的，由第三人承担侵权责任；幼儿园、学校或者其他教育机构未尽到管理职责的，承担相应的补充责任。幼儿园、学校或者其他教育机构承担补充责任后，可以向第三人追偿。"

（4）相应责任。

《民法典》侵权责任编规定了四种相应责任。"相应"，其实就是与行为人的过错程度和行为的原因力相适应。四种相应责任可分为两种情形：一是单向连带责任的相应责任；二是过失相抵的相应责任。除此之外还规定了相应的补充责任。

1）单向连带责任的相应责任。

《民法典》侵权责任编规定了两种单向连带责任的相应责任。

第 1169 条第 2 款规定："教唆、帮助无民事行为能力人、限制民事行为能力人实施侵权行为的，应当承担侵权责任；该无民事行为能力人、限制民事行为能力人的监护人未尽到监护职责的，应当承担相应的责任。"

第 1209 条规定："因租赁、借用等情形机动车所有人、管理人与使用人不是同一人时，发生交通事故造成损害，属于该机动车一方责任的，由机动车使用人承担赔偿责任；机动车所有人、管理人对损害的发生有过错的，承担相应的赔偿责任。"

2）过失相抵的相应责任。

《民法典》侵权责任编规定了另外两种相应责任，主要是过失相抵的责任分担。

第 1192 条第 1 款后段规定："提供劳务一方因劳务受到损害的，根据双方各自的过错承担相应的责任。"

第 1224 条第 2 款规定："前款第一项情形中，医疗机构或者其医务人员也有过错的，应当承担相应的赔偿责任。"

（六）分担责任

分担责任，主要是指过失相抵的责任分担和公平分担损失的责任分担。

1. 过失相抵的责任分担

《民法典》侵权责任编规定的过失相抵的责任分担有下述四种。

（1）第 1173 条规定："被侵权人对同一损害的发生或者扩大有过错的，可以减轻侵权人的责任。"

（2）第 1239 条规定："占有或者使用易燃、易爆、剧毒、高放射性、强腐蚀性、高致病性等高度危险物造成他人损害的，占有人或者使用人应当承担侵权责任；但是，能够证明损害是因受害人故意或者不可抗力造成的，不承担责任。被侵权人对损害的发生有重大过失的，可以减轻占有人或者使用人的责任。"

（3）第 1240 条规定："从事高空、高压、地下挖掘活动或者使用高速轨道运输工具造成他人损害的，经营者应当承担侵权责任；但是，能够证明损害是因受害人故意或者不可抗力造成的，不承担责任。被侵权人对损害的发生有重大过失的，可以减轻经营者的责任。"

（4）第 1245 条规定："饲养的动物造成他人损害的，动物饲养人或者管理人应当承担侵权责任；但是，能够证明损害是因被侵权人故意或者重大过失造成的，可以不承担或者减轻责任。"

2. 公平分担损失的责任分担

《民法典》侵权责任编规定公平分担损失的责任分担有下述三种。

（1）第 1188 条第 1 款后段规定："监护人尽到监护职责的，可以减轻其侵权责任。"

（2）第 1190 条规定："完全民事行为能力人对自己的行为暂时没有意识或者失去控制造成他人损害有过错的，应当承担侵权责任；没有过错的，根据行为人的经济状况对受害人适当补偿。"

（3）第 1243 条规定："未经许可进入高度危险活动区域或者高度危险物存放区域受到损害，管理人能够证明已经采取足够安全措施并尽到充分警示义务的，可以减轻或者不承担责任。"

本部分小结

同学们，这部分我们主要学习了侵权责任的形态，理论性较强，比较难理解。但是，只有正确区分不同种类的侵权责任形态，才能实现《民法典》侵权责任编保护民事主体的合法权益，明确侵权责任，达到预防并制裁侵权行为的目的。学完本部分内容后，请大家注意思考以下几个小问题：

1. 单独责任和共同责任的区分标准是什么？
2. 补充责任的形式有哪两种？
3. 替代责任的种类有哪些？

第二节 共同侵权责任

导语

随着社会化大生产的飞速发展和人们社会交往活动的增多，共同侵权行为在大家的生活中大量发生，严重侵害了我们的人身和财产权益，这不能不引起我们密切的关注和思考，由此而产生的责任更是大家关心的重点。共同侵权责任可分为三种类型：连带责任、按份责任以及不真正连带责任，连带责任是共同侵权责任中最主要的一种责任形式。本部分内容虽然比较多，但是并不难理解，请同学们在学习时注意把握概念的关键词及引用的法条。

案例索引

张某酒后驾驶汽车与李某高速驾驶的三轮车相撞，导致坐在李某车上的王某当场死亡。事故经交警部门认定：张某负主要责任；李某负次要责任；王某无责任。王某的亲属向法院提起诉讼，认为张某和李某构成共同侵权，要求两人承担连带侵权赔偿责任。

问题：张某和李某是否构成共同侵权？

知识详解

一、连带责任

（一）连带责任的前提——共同侵权行为

1. 共同侵权行为的概念

共同侵权行为，指数人基于主观的或客观的关联共同，实施侵权行为，造成他人人身、财产损害，应当承担连带责任的侵权行为。《民法典》侵权责任编第1168条规定：“二人以上共同实施侵权行为，造成他人损害的，应当承担连带责任。”

2. 共同侵权行为的主体——共同加害人

共同加害人是共同侵权行为的行为主体，共同加害人应当是二人以上，不能由单个人构成。共同加害人既可以是自然人，也可以是法人。

《民法典》侵权责任编第1169条规定：“教唆、帮助他人实施侵权行为的，应当与行为人承担连带责任。教唆、帮助无民事行为能力人、限制民事行为能力人实施侵权行为的，应当承担侵权责任；该无民事行为能力人、限制民事行为能力人的监护人未尽到监护职责的，应当承担相应的责任。”

在简单的共同侵权行为中，各个共同加害人都是实行行为人，各个共同加害人都实施了致害他人的行为。在共同故意的形式下，各个共同加害人之间可能有分工的不同，在共同侵权行为中担负不同的角色，完成不同的任务，但他们的行为都是直接的共同侵权行为，因而都是实行行为人。在客观关联共同的形式下，其共同加害人只能是实行行为人，不可能有分工的不同或分担任务的不同。

在复杂的共同侵权行为中，共同加害人分为实行人、教唆人和帮助人。实行人是实施具体致人损害行为的人；教唆人是造意者，是共同侵权行为的造意人。共同加害人中的教唆行为人和帮助行为人只能存在于以共同故意的共同侵权行为之中，在主观上必须与实行人有共同的意思联络。教唆行为人和帮助行为人在确定内部责任份额时，不以其身份的不同确定责任份额的轻重，同样以过错和行为的原因力确定。

3. 共同侵权行为的法律特征

（1）共同侵权行为的主体须为多个人。

（2）共同侵权行为的行为人之间具有主观的意思联络或者客观的关联共同。

（3）数个共同加害人的共同行为所致损害是同一的，不可分割的。

（4）数个共同加害人的行为与损害结果之间具有因果关系。

4. 共同侵权行为的类型

（1）主观的共同侵权行为。主观的共同侵权行为的条件是：第一，行为人为二人以上；第二，行为人具有共同的主观故意；第三，行为的共同性，可能有分工的不同，但每个人的行为都是共同侵权的组成部分；第四，造成共同的损害结果。不管是一个损害结果还是数个损害结果，这些损害结果都是共同侵权人造成的损害结果，具有因果关系。

（2）客观的共同侵权行为。客观的共同侵权行为的条件是：第一，行为人的共同性，即侵权人应为二人以上。第二，过失的共同性，即数人的行为已经造成了同一个损害结果，且为不可分。第三，原因的共同性，即数人的行为对于损害的发生均为不可或缺的原因，并且这些行为需结合为一体才能够造成同一的损害结果，缺少任何一个行为都不能造成这种结果；如果缺少这个行为仍然会造成这个损害，不构成共同侵权行为。

（3）共同危险行为。共同危险行为，就是二人或二人以上共同实施有侵害他人权利危险的行为，并且已造成损害结果，但不能确定其中谁是加害人。《民法典》侵权责任编第1170条规定：“二人以上实施危及他人人身、财产安全的行为，其中一人或者数人的行为造成他人损害，能够确定具体侵权人的，由侵权人承担责任；不能确定具体侵权人的，行为人承担连带责任。”

（4）合伙致人损害。合伙致人损害实际上并不是共同侵权，但其致害是因为合伙人执行合伙事务，且又须承担连带责任，故作为共同侵权行为。合伙致人损害可以分为两种情况：一是合伙人共同经营合伙事业致人损害；二是合伙人之一在执行合伙事务中致人损害。

(5) 团伙成员。团伙组织的成员实施侵权行为造成他人损害，如果没有团伙的集合行为则可以避免造成损害的危险发生，且该集合行为可以归责于该团伙，则该团伙的成员应当承担连带责任的侵权行为。这也是一种特殊的共同侵权行为。

由上述可见，本节“案例索引”中，张某和李某并没有共同侵权的主观故意，所以不构成共同侵权。你答对了吗？

（二）连带责任的基本原理

1. 连带责任的概念

侵权连带责任，指受害人有权向共同侵权人或共同危险行为人中的任何一人或数人请求赔偿全部损失，而任何一人或数人都有义务向受害人负全部的赔偿责任；共同加害人中的一人或数人已全部赔偿了受害人的损失，则免除其他共同加害人向受害人应负的赔偿责任。

2. 连带责任的特征

(1) 连带责任是对受害者的整体责任。连带责任人都对受害人负连带责任，意味着他们都有义务向受害人负全部赔偿责任。

(2) 受害人有权请求连带责任人中的任何一个人承担连带责任。

(3) 各个连带责任人内部有责任份额。共同加害人和共同危险行为人对外承担整体责任，不分份额；对内，则依其主观过错程度和行为的原因力不同，对自己的责任份额负责。

(4) 连带责任是法定责任，不得改变。连带责任是法定责任，不因共同行为人内部责任份额或内部约定而改变其连带责任性质。

3. 连带责任的适用范围

《民法典》侵权责任编指出，并不是只有共同侵权行为才承担连带责任，除了共同侵权行为之外，法律规定应当承担连带责任的，也应当承担连带责任。

4. 连带责任的实行

首先，对整体责任的确定。共同侵权行为或者共同危险行为发生以后，首先必须确定整体责任。无论受害人请求一人、数人或全体侵权行为人承担侵权责任，都必须确定整体责任。

其次，对各行为人责任份额的确定。在共同侵权行为整体责任确定之后，应当在共同侵权行为人内部确定各自的责任份额。共同危险行为人的内部责任份额原则上是平均分配的。

再次，所有的连带责任人对外连带负责。无论赔偿权利人向共同行为人中的一人、数人或全体提出赔偿请求，连带责任人均须向赔偿权利人承担总的责任。各个行为人均能承担自己的份额者，各个承担自己的份额以满足权利人的赔偿请求；其中一人或数人无力赔偿或不能赔偿，则由其他共同加害人承担这些责任，以满足权利人的赔偿请求。

最后，连带责任人之间的追偿关系。当连带责任人中的一人或数人承担了全部赔偿责任之后，已经承担了赔偿责任的连带责任人有权向其他应负责任而未负责任的连带责任人要求追偿。应承担责任而未承担赔偿责任的连带责任人应当按照自己的责任份额，承担责任，补偿已承担赔偿责任的连带责任人因赔偿而造成的损失。

二、按份责任

（一）按份责任的前提——无意思联络的数人侵权行为

无意思联络的数人侵权，指数个行为人事先既没有共同的意思联络，也没有共同过失，只是由于行为的客观上的联系，而共同造成同一个损害结果。《民法典》侵权责任编第 1172 条规定："二人以上分别实施侵权行为造成同一损害，能够确定责任大小的，各自承担相应的责任；难以确定责任大小的，平均承担责任。"

（二）按份责任的概念

按份责任，指两个或两个以上的责任人按照各自份额向受害人承担的赔偿责任。按份责任是无意思联络的数人侵权行为的责任形态。

（三）按份责任的实行规则

（1）当无意思联络的数人侵权行为导致的共同损害结果可以分割时，此种侵权实际上属于单独侵权而非共同侵权，各行为人对各自的行为所造成的后果承担责任。在损害结果可以单独确定的前提下，法官应当责令各行为人就其行为的损害承担赔偿责任。

（2）当无意思联络的数人侵权行为导致的共同损害结果无法分割时，应按照各行为人所实施行为的原因力，确定其应承担的责任份额。

（3）当无意思联络的数人侵权行为导致的共同损害结果无法分割且无法区分原因力时，应按照公平原则，区分各行为人的责任份额。对此，一是按照等额分配份额；二是考虑各行为人的经济负担能力，适当分割份额，仍按份额承担责任。

（4）对无意思联络的数人侵权行为人不实行连带责任。

三、不真正连带责任

（一）不真正连带责任的概念

侵权法上的不真正连带责任，指数行为人违反法定义务，对一个受害人实施加害行为，或不同的行为人基于不同的行为而致使受害人的权利受到损害，各个行为人产生的同一内容的侵权责任，各负全部赔偿责任，并因行为人之一的履行而使全体责任人的责任归于消灭的侵权责任形态。

（二）不真正连带责任的特征

（1）不真正连带责任的责任主体是违反对同一个民事主体负有法定义务的数人。

（2）不真正连带责任是基于同一损害事实发生的侵权责任。

(3) 不同的侵权行为人对同一损害事实发生的侵权责任相互重合。

(4) 在相互重合的侵权责任中只须履行一个侵权责任即可保护受害人的权利。

(三) 不真正连带责任的类型

1. 一般的不真正连带责任类型

《民法典》侵权责任编规定了以下七种一般的不真正连带责任：1) 第 1202 条至第 1204 条规定的产品责任；2) 第 1223 条规定的医疗产品损害责任；3) 第 1233 条规定的因第三人的过错污染环境造成损害的赔偿责任；4) 第 1250 条规定的因第三人的过错致使动物造成他人损害的赔偿责任；5) 第 1204 条规定的因运输者、仓储者等第三人的过错使产品存在缺陷造成他人损害的赔偿责任；6) 第 1253 条规定的建筑物、构筑物或者其他设施及其搁置物、悬挂物发生脱落、坠落造成他人损害的责任；7) 第 1252 条第 1 款规定的建筑物、构筑物或者其他设施倒塌造成他人损害的赔偿责任。在侵权法中，凡是这样的侵权行为，都适用不真正连带责任形态，以更好地保护受害人的民事权利，救济损害造成的后果。

2. 特殊的不真正连带责任类型

《民法典》侵权责任编除了规定以上七种一般的不真正连带责任以外，还规定了一些特殊的不真正连带责任，这表现在两个方面（如表 2-1 所示）。

表 2-1 特殊的不真正连带责任

	类型	概念	条文规定
特殊的不真正连带责任	补充责任	补充责任，指两个以上的行为人违反法定义务，对一个受害人实施加害行为，或者不同的行为人基于不同的行为而致使受害人的权利受到同一损害，各个行为人产生同一内容的侵权责任，受害人享有的数个请求权有顺序的区别，首先行使顺序在先的请求权，不能实现或者不能完全实现时再行使另外的请求权的侵权责任形态	第 1188 条规定的监护人在被监护人以其财产承担侵权责任的不足部分，由监护人承担补充责任
			第 1191 条第 2 款规定接受劳务派遣单位承担赔偿责任，有过错的劳务派遣单位承担相应的责任
			防范制止侵权行为未尽安全保障义务的公共场所管理人或群众性活动的组织者，应当承担相应的补充责任
			未成年人在教育机构受到第三人侵害，教育机构有过错的，应当承担相应的补充责任
	先付责任	先付责任，指在不真正连带责任中，中间责任人首先承担直接责任，请求权人只能向中间责任人请求赔偿，中间责任人在承担了中间责任之后，有权向承担最终责任的不真正连带责任人追偿的不真正连带责任的特殊形态	第 1204 条规定第三人对于产品缺陷的产生有过错的，生产者、销售者先承担赔偿责任，之后向第三人追偿
			第 1253 条规定建筑物等及其悬挂物、搁置物脱落、坠落致人损害，有其他责任人的，所有人、管理人或者使用人先承担赔偿责任，之后向其他责任人追偿
			第 1252 条规定建筑物等倒塌造成他人损害，有其他责任人的，建设单位和施工单位先承担赔偿责任，之后向其他责任人追偿

（四）不真正连带责任的实行

不真正连带责任的具体实行规则是：

第一，数个行为人基于不同的行为造成同一个损害。

示例

雇佣关系以外的第三人造成雇员人身损害的，第三人的行为确实是造成受害人损害的原因，但是，由于在雇主与雇员之间的雇佣关系中，雇主对没有尽到应有的注意义务，对雇员造成的损害也存在责任。因此，雇员可以基于劳动关系请求工伤事故的损害赔偿，也可以基于侵权行为请求第三人承担侵权损害赔偿。

第二，数个行为人的行为产生各自独立的侵权责任，各个责任就救济受害人损害而言，具有同一的目的。雇主的工伤事故赔偿和第三人的侵权赔偿都是救济受害人同一个损害的赔偿，而不是救济各个不同的损害。

第三，受害人享有的不同的损害赔偿请求权，只能"择一"行使。

第四，损害赔偿责任最终归属于造成损害发生的最终责任人。如果受害人选择的侵权责任人就是最终责任人，则该责任人就应当最终地承担侵权责任。如果选择的责任人并不是最终责任人，则承担了"就近"责任的中间责任人可以向最终责任人请求赔偿，最终责任人应当向"中间"责任人承担最终责任。

（五）不真正连带责任与连带责任的区别

不真正连带责任与连带责任的区别如表 2-2 所示。

表 2-2　不真正连带责任与连带责任的区别

	连带责任	不真正连带责任
形式上	每一个责任人都对全部责任负责	被侵权人可以向不真正连带责任人的任何一方主张承担赔偿责任，任何一方都有责任承担全部赔偿责任
实质上	每一个责任人都对连带责任的最终责任负责，都对连带责任承担最终责任，即负有自己的赔偿份额的最终责任	必须有一个最终责任人，由最终责任人对全部侵权责任负责，不应当对全部赔偿责任负责的中间责任人即使是承担了全部赔偿责任，也有权向最终责任人主张追偿全部责任，将中间责任转移给最终责任人，而自己最终是没有责任的

示例

在产品责任中，生产者、销售者都应当向被侵权人承担赔偿责任，但同时，《民法典》侵权责任编第 1203 条第 2 款规定了追偿权，就是不应当承担最终责任的生产者或者销售者，在自己承担了中间责任后，通过向应当承担最终责任的销售者或者生产者进行追偿，实现最终责任，转嫁自己的中间责任。这就是不真正连带责任。

本部分小结

共同侵权是相对于单独侵权而言的，共同侵权涉及复数侵权主体，在构成要件与责任承担上与单独侵权相比，存在着特殊性；同时，共同侵权的形态在侵权法中的表现也是多样的，各种类型的共同侵权相互之间在要件构成、责任承担与抗辩事由等多方面也各具特殊性。本部分对连带责任、按份责任以及不真正连带责任这三个知识点的概念、特征和类型等作出了详细介绍。共同责任是司法实践中的一个重要问题，请一定要结合实际案例学习本部分的内容，让我们一起回忆本部分的重点内容吧!

1. 连带责任的适用前提是什么?
2. 按份责任的实行规则有哪些?
3. 不真正连带责任与连带责任的区别是什么?

第三节　侵权责任方式

导 语

关于侵权责任的方式，同学们应该并不陌生，但是大家是否知道侵权责任法规定了多少种具体的承担方式呢？每一种责任方式的适用是否有其特殊的规定呢？我国《民法典》总则编第 179 条规定了 11 种主要的责任承担方式，但是关于具体的适用，还需要我们共同来学习。

案例索引

张三和李四是邻居，因生活琐事产生矛盾。张三为报复李四，故意向其他邻居散布李四的谣言，称李四作风有问题，并称李四经常偷窃超市东西，导致李四在邻居间的风评下降。李四妻子也相信谣言，欲与其离婚。李四为此生气大病一场。之后，李四以张三侵犯其名誉权为由向法院提起了诉讼。

问题：李四能否要求张三停止散播谣言、赔礼道歉并恢复名誉？为什么？

知识详解

一、侵权责任方式的概念与特征

（一）侵权责任方式的概念

在确认侵权行为构成后，下一步将面临的问题是应如何确定侵权人承担与其所实施的侵权行为相适应的责任方式。侵权责任方式，就是指侵权人依据侵权法就自己实施的侵权行为应当承担何种具体的民事责任形式，从抽象的意义上说，侵权责任方式，就是侵权法规定的侵权人实施侵权行为所应当承担的具体的法律后果。侵权人承担侵权民事责任构成方式意味着，法律对侵权人所实施的行为所持的否定和谴责，对侵权行为所给予的制裁，同时表明法律对自然人、法人的权利的保护，以及对一般自然人和法人所体现的教育作用。

《民法典》总则编第 179 条规定："承担民事责任的方式主要有：（一）停止侵害；（二）排除妨碍；（三）消除危险；（四）返还财产；（五）恢复原状；（六）修理、重作、更换；（七）继续履行；（八）赔偿损失；（九）支付违约金；（十）消除影响、恢复名誉；（十一）赔礼道歉。"

在上述十一种民事责任方式中，停止侵害、排除妨碍、消除危险属于退出式的民事责任，适用该三类责任方式不要求损害后果发生的事实，也不要求具备过错要件。而恢复原状，赔偿损失，赔礼道歉，消除影响、恢复名誉这四类责任方式属于割让式的民事责任，要求损害事实的发生，并以侵权人主观上有过失为基本特征。返还财产兼具退出式和割让式民事责任的特点，适用于侵犯财产所有权或占有权的侵权行为类型。

注意

根据《民法典》总则编第 179 条的规定，以上各种侵权责任的方式，可以单独适用，也可以合并适用。

（二）侵权责任方式的类型

在侵权责任方式中，财产责任类型是主要方式，非财产责任是非主要方式。前者如损害赔偿、恢复原状、返还财产，后者如停止侵害，消除影响，恢复名誉、赔礼道歉。在此之外，排除妨碍和消除危险则有可能是财产性质的民事责任，也可能是非财产责任方式。根据侵权责任方式的不同特点，可以将侵权责任方式概括为三种类型。

第一，财产型的责任方式。这种责任方式主要是救济被侵权人的财产损失，也包括对非财产利益损害的救济，可以根据侵权行为损害利益的情况适用。

第二，精神型的责任方式。这种责任方式主要是救济精神利益的损害和精神痛苦的损害，适用于精神性人格权损害的救济。我国侵权法认为对于财产损害一般不适用精神型的责任方式。

第三，综合型的责任方式。这种责任方式对于一切侵权行为都可以适用，对侵害财产权利的侵权行为可以适用，对于侵害人格权的侵权行为也可以适用。

练一练 5

（多项选择题）承担侵权责任的主要方式有（　　）。

A. 消除危险　　B. 恢复原状

C. 赔礼道歉　　D. 排除妨碍

（三）侵权责任方式的特征

侵权责任方式的特征如图 2-1 所示。

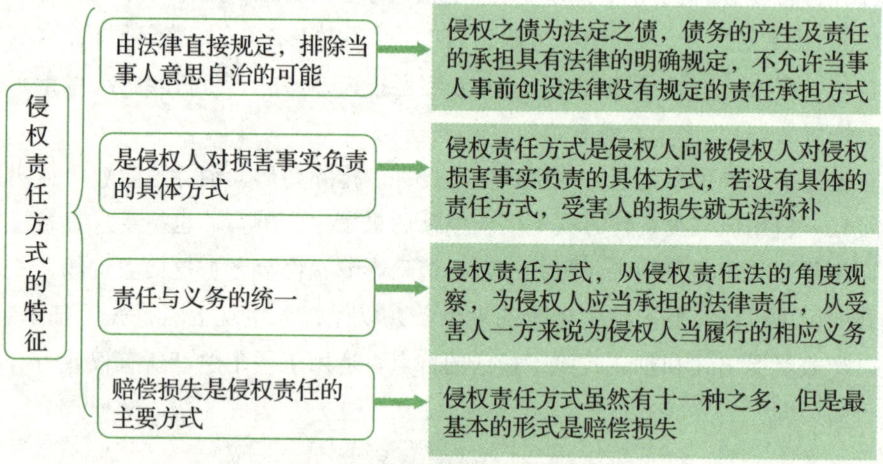

图 2-1　侵权责任方式的特征

（四）适用侵权责任方式的一般原则

1. 救济损害需要原则

确定侵权责任方式最重要的原则，就是根据救济被侵权人的权利损害需要。在恢复被侵权人受到侵害的权利的目标下，需要适用什么民事责任方式，就适用什么民事责任方式。对于单纯的财产权利损害，可以单独适用损害赔偿方式救济损害；对于生命健康权的损害，可以赔偿财产损失，也可以赔偿精神损害；对于精神性人格权的损害，可以单独适用精神型的民事责任方式，也可以根据需要适用财产型的民事责任方式。在任何情况下，只要有救济损害的需要，都可以适用综合型的民事责任方式。各种侵权责任方式都有其适用的特定条件，只有针对不同的侵权案件适用不同的责任，才能充分发挥责任方式的效果。因此，应根据具体情况恰当地选择责任方式。法律有明确规定的，应按规定确定；法律没有明确规定的，应根据具体情况按有关法律的精神选择适当的承担责任的方式。

2. 可以合并适用原则

在侵权责任方式中，各种方式各具特点，对于侵权行为造成损害的救济，可以单独适用一种责任方式，也可以适用多种责任方式。应当掌握侵权法制裁不法行为人的责任方式体系，明确侵权人应负的义务，掌握保护权利人权利的具体民事方法和措施，根据不同的案件特点来决定某一侵权人所承担的一种或者多种不同的责任方式。

侵权责任方式并用的标准是，根据各种责任方式保护被侵权人的利益不同，如果适用一种责任方式不足以保护被侵权人时，就应当同时适用其他的责任方式。例如，行为人非法占有他人财产，并造成对该财产的损害，仅仅责令不法行为人返还财产，尚不足保护被侵权人的利益，因此，还需要采取恢复原状、赔偿损失等责任方式。反之，如果适用一种责任方式足以保护被侵权人的利益，就不必再采取其他的责任方式，以避免给行为人强加不适当的责任。当某种特定的损害发生以后，可以导致多种责任方式的适用，但又不宜同时并用各种形式；如何选择一种或数种责任方式，应根据具体情况决定。

3. 适当处分原则

侵权责任方式从被侵权人的角度看，就是被侵权人自己享有的请求权。按照民法的基本原则，权利人可以处分自己的权利。在确定侵权人的责任方式的时候，同样应当贯彻这样的原则。被侵权人坚持自己的请求权，法院应当予以支持；被侵权人自愿要求处分自己的请求权的，法院不应当干预。在违背公共秩序和善良风俗的情况下，被侵权人的自由处分权利应当受到限制。

4. 必要的先予执行原则

在侵权责任方式中，对于确有必要的，在案件受理时可以先予执行。最高人民法院根据实践经验，对于侵权案件准许先予执行停止侵害、排除妨碍和消除危险三种民事责任方式。先予执行的必要性，体现在一般是在侵害正在进行、不采取先行裁定将导致损害扩大的情况下才能采取。采取先行裁定的目的，是制止正在进行或延续的损害，防止损害进一步扩大，维护权利人的权利，减少不必要的损失。

二、我国侵权责任方式的体系

（一）概述

我国《民法典》总则编第 179 条确立了侵权责任方式的体系，其中列举的 11 种侵权责任方式，这是侵权人承担民事责任的主要方式而非全部方式，除此之外，尚有《食品安全法》《消费者权益保护法》等特别法规定的责任方式。

（二）我国侵权责任方式体系的特点

1. 责任形式多样化

《民法典》侵权责任编第 1164 条以概括的方式规定了受保护的民事权益。《民法典》的这种表述方式改变了原《侵权责任法》第 2 条列举生命权、健康权、姓名权、名誉权、荣誉权、肖像权、隐私权、婚姻自主权、监护权、所有权、用益物权、担保物权、著作权、专利权、商标专用权、发现权、股权、继承权等 18 种人身和财产性权益的做法。上述各种权益的表述涉及社会的方方面面，人身、财产权益的多样性决定了采取单一的责任方式是无法满足现实生活需求的。

2. 兼顾救济与预防

停止侵害、排除妨碍、消除危险这 3 种可以归入预防性的责任方式；返还财产，恢复原状，赔偿损失，赔礼道歉，消除影响、恢复名誉作为救济性责任方式则是在侵权行为也已造成被害人财产或人身权益实际损害的情况下，对被害人的一种救济。

三、侵权责任方式的具体类型

（一）财产型责任方式的适用

1. 返还财产

返还财产，是普遍适用的侵权责任方式。作为侵权责任方式的返还财产，是指返还原物。不法侵占他人财产的，应当返还原物。返还原物责任因不法行为人非法占有财产而产生，因返还原物提起的诉讼称为返还之诉。

适用返还原物的侵权责任方式时，应注意以下几点：

（1）适用条件：财产被侵占，且原物依然存在。如果原物已经灭失，客观上不存在返还原物的可能，则只能要求赔偿损失，而不能要求返还原物。如果原物虽然存在，但已经遭受毁损，可以在请求返还原物的基础上，再提出赔偿损失。返还原物在性质上是物的占有转移，而不是所有权的转移，因此必须要占有人将所有物转移至所有人的控制之下，才能视为原物已经返还。

（2）返还的范围：返还原物应当返还原物，并且包括原物所生孳息。构成侵权行为的侵占财产均为恶意，在恶意占有的情况下，占有人应负责返还其在全部恶意占有期间所获得的一切孳息，并且无权请求所有人补偿其占有期间所支付的费用。

（3）请求权人：有权请求返还原物的人，是被侵权人，包括原物的所有人、占有人。如为原物的所有人请求返还原物，不管是单个的所有人还是共有人，在所有物被他人非法占有后，都享有这一返还原物的权利，但在共有的情况下，必须要求不法占有人将共有物返还给全体共有人。如果共有人中的一人超过其应有份额而占有或使用共有物，则其他共有人对该共有人有请求返还其应有一部分的权利。如为占有人请求返还原物，是占有人在合法占有期间，占有物又被第三人非法占有的情况下，占有人才有权请求非法占有人返还原物；该物的所有人也可根据其所有权请求不法占有人返还原物。在这种请求权重叠的情况下，请求权行使规则是，谁最后合法占有该物，谁就可以优先行使返还请求权，但并不排除所有人的请求权。不法占有人应将物返还给所有人还是合法占有人，应视具体情况而定，原则上应先返还给最后的合法占有人。

（4）返还原物的义务人：返还原物的请求权只能针对侵权人提出，而不能要求合法占有人返还原物，否则，合法占有人可依据其合法占有权，拒绝所有人的请求。确定占有人的占有为合法或非法，应根据所有人提出请求时占有人是否有权占有来决定。如果无权占有人在占有原物以后，又将物转给他人占有，则所有人就可请求无权占有人，也可请求现在的占有人返还原物。

2. 恢复原状

恢复原状，是指恢复权利被侵犯前的原有的状态，一般是指将损害的财产修复。在财产损害中，恢复原状即所有人的财产在被他人非法侵害遭到损坏时，如果能够修理恢复，则所有人有权要求侵权人通过修理，恢复财产原有的状态。广义的恢复原状，包括通过返还财产使财产关系恢复到原有的状态、通过恢复名誉使受侵害的名誉权得到恢复等。

适用恢复原状应当具备的条件是：

（1）须有修复的可能，不仅在实际上可能，而且要在经济上合理，否则就不应该采取恢复原状的方式。

（2）须有修复的必要，如果财产被破坏的无法修复，或虽可修复但所有人已不需要，则不能适用恢复原状，而应当折价赔偿。在恢复原状时，应由侵权人以自己的费用进行修复，被侵权人进行监督。

3. 赔偿损失

赔偿损失是最主要最基本的侵权责任方式，是指行为人因侵权行为而给他人造成损害，应以其财产赔偿受害人所受的损失。适用赔偿损失的侵权责任方式，是所有人的财产遭受他人的不法侵害，致使财产不能修复，或者原物已经灭失，不能返还的，可以请求不法行为人赔偿损失。侵权法上的赔偿损失包括人身损害赔偿、财产损害赔偿和精神损害赔偿三种形式。

（二）精神型责任方式的适用

1. 停止侵害

行为人实施的侵权行为仍在继续中，受害人可依法请求法院责令侵害人承担停止侵害的责任方式。任何正在实施侵权行为的不法行为人都应立即停止其侵害行为，所以停止侵害的责任方式可适用于各种侵权行为。此种责任方式的主要作用在于：能够及时制止侵害行为，防止扩大侵害后果。但这种责任方式以侵权行为正在进行或仍在延续中为适用条件，对尚未发生的或业已终止的侵权行为则不得适用。责令停止侵害，实际上是要求侵害人不实施某种侵害行为，即不作为。

适用停止侵害责任方式应当注意：

（1）可以先予执行。

停止侵害可以先予执行，在司法解释中称为先行裁定。先予执行的条件，就是侵害正在进行，没有结束。这在一般的侵权案件都可以适用。

（2）诉前请求应当提供担保。

先行裁定停止侵害，由于尚没有确认侵权责任构成，是在责任还没有确定之前采取的先予执行措施，因此，有可能出现执行错误的情况。如果在诉讼中不能证明被告的行为构成侵权责任，则会给被告造成严重的经济损失，为防止出现这样的情况，在采取这样的民事责任方式时，应当责令申请人提供担保。

2. 消除影响、恢复名誉

消除影响和恢复名誉在适用中常常并用，故可视为一种侵权责任方式。消除影响指的是行为人实施侵权行为侵害了自然人、法人的人格权，对于其所造成的影响，应当在其影响所及的范围内消除不良后果。恢复名誉指的是行为人实施侵权行为侵害了自然人或法人的名誉，对于受害人的名誉毁损，应在影响所及的范围内将受害人的名誉恢复至未受侵害时的状态。消除影响、恢复名誉是侵害自然人、法人的精神性人格权所承担的责任方式，在适用中，消除影响适用的范围较宽，可以适用于多种场合。恢复名誉则只适用于侵害名誉权的场合，是侵害名誉权侵权人应承担的责任。这主要是因为侵害名誉权的直接后果是造成被侵权人的名誉毁损，而只有使侵权人承担恢复名誉的责任，才能彻底消除侵害名誉权的直接后果，消除造成被侵权人精神痛苦和财产损失的根源。

消除影响、恢复名誉的具体适用，要根据侵害行为及造成影响所及和名誉毁损的后果来决定。处理的原则是，侵权人应根据侵害名誉权而造成的不良影响的大小，采取程度不同的措施给被侵权人消除不良影响。如果被侵权人要求消除影响、恢复名誉的方式不适当，法院可以判决采用较为适当的方式。

3. 赔礼道歉

赔礼道歉，是指侵权人向受害人承认错误，表示歉意，以求得受害人的原谅，包括口头道歉和书面道歉两种形式。口头道歉由侵权人直接向被侵权人表示。书面的道歉以文字形式为之，可以登载在报刊上，张贴于有关场所，或者以信件的方式转交被侵权人。侵权人拒不执行赔礼道歉的民事责任方式的，法院可以按照判决确定的方式进行，费用由侵权人承担。不过，强制进行赔礼道歉有违法之嫌，在适用中应当慎重。

赔礼道歉是一种承担民事责任的法定方式，与一般道义上的赔礼道歉不同，是靠国家强制力保障实施的，反映了国家、社会对该不法行为的谴责，同时可以缓和矛盾，促进当事人之间的团结。

（三）综合型责任方式的适用

1. 排除妨碍

排除妨碍，是指侵权人实施的行为使受害人无法行使或不能正常行使自己的人身权利、财产权利，受害人请求加害人将妨碍权利实施的障碍予以排除。

受害人在请求排除妨碍时，应注意以下问题：

第一，对不当行为才能够请求排除妨碍。如果“妨碍”行为是合法的，即正当行使权利的行为，则“妨碍人”可拒绝受害人的请求。确认妨碍的行为是否正当，要看这种妨碍是否有法律根据，是否妨碍了对方当事人权利的行使。如果妨碍行为是合法的，即正当行使权利的行为，则“妨碍人”可拒绝被侵权人的请求。只要不法行为妨碍他人行使物权、人身权和知识产权，被侵权人均可请求排除妨碍。在妨碍物权行使时，不仅所有人，而且对被妨碍的财产享有合法占有权的人也有权请求排除妨碍。排除妨碍的费用由侵害人负担。

第二，确认妨碍适用客观标准，而非主观标准。不考虑妨碍人在主观上是否预见妨碍的后果。

第三，妨碍应当是客观存在的。受害人提出排除的妨碍，必须是已经存在或确实存在某种妨碍，而不是主观臆想、猜测的。妨碍既可以是侵权人实施的妨碍行为造成的，也可以是由侵权人的对象造成的。

2. 消除危险

消除危险，是指行为人的行为和其管领下的物件对他人的人身和财产安全造成威胁，或存在侵害他人人身或财产的可能，该他人有权要求行为人采取有效措施，将具有危险因素的行为或对象予以消除。

适用消除危险的责任方式，必须是危险存在，确有可能造成损害的后果，对他人造成威胁，但是损害尚未实际发生，没有妨碍他人民事权利的行使。适用此种责任方式，能有效地防止损害的发生，充分保护民事主体的民事权利。

所以在分析本节“案例索引”中的案件时，根据可以合并适用原则，李四可以要求张三停止散播谣言、赔礼道歉并恢复名誉。那么接下来我们就进入“练一练”，巩固本节所学知识点。

练一练 6

（多项选择题）关于侵权责任的方式，以下说法错误的是（　　）。

A. 各种侵权责任的方式，仅可单独适用

B. 排除妨碍和消除危险则仅可能是财产性质的民事责任

C. 国家权力机关可以主动援引民事责任的承担方式，对侵权人施加处罚

D. 我国侵权责任方式不止一种

本部分小结

侵权责任方式的含义及特征构成侵权责任，侵权人将承担与其所实施的侵权行为和救济侵权行为受害人相适应的民事责任方式。侵权责任方式类型的确定，将会直接影响到侵权责任构成要件的立法设计，并关系到我国私权利保护体系的确立。本部分的知识点并不复杂，学完后，请同学们跟我一起回顾以下三个小问题：

1. 侵权责任的方式主要有哪些?
2. 适用恢复原状应当具备的条件有哪两项?
3. 精神型责任方式有几种?

第四节 侵权损害赔偿

导语

权利受损害，损害须赔偿。大家是否知道侵权损害赔偿的规则有哪些？本部分将从侵权损害赔偿的概述、赔偿规则以及侵权损害的三种具体类型跟大家作详细介绍。让我们一起来看看下面所讲的赔偿与我们生活中所接触的赔偿是否一样吧！

案例索引

张某与李某发生口角，将李某打伤，李某住院花费了一万元，张某为其支付了医疗费用。但是李某称因张某的殴打导致其受伤，伤口疼痛对其造成了精神损害，要求张某赔偿精神损害费用一万元。张某不同意，李某将其起诉至法院。

问题：李某要求张某承担精神损害赔偿是否合理？

知识详解

一、侵权损害赔偿的概述

（一）损害赔偿的含义

损害赔偿，指当事人一方因侵权行为或违约行为造成他方当事人损害的，在当事人之间产生请求赔偿权利和给付赔偿义务的，具有债权债务关系性质的民事责任。

损害赔偿的性质具有双重性。首先，它是一种债。其次，损害赔偿又是一种民事责任，具有民事责任的一切特点。

（二）损害赔偿的法律特征

第一，损害赔偿的根本目的是救济损害。

第二，损害赔偿具有财产性的特征。损害赔偿完全是以财产的方式救济受害人。在损害的三种形式即人身损害、财产损害和精神损害当中，财产损失必须以财产来赔偿。

二、侵权损害赔偿的规则

（一）完全赔偿规则

完全赔偿，指只要与侵权行为具有因果关系的损害都应当得到赔偿，包括直接损失赔偿和间接损失赔偿。完全赔偿不应因侵权人的主观状态为故意或过失而有所区别，只要造成了受害人的损害就要依照法律规定进行全部赔偿，并非主观恶性小的少赔偿，恶性大的多赔偿。完全赔偿规则主要适用于财产损害赔偿。

1. 损失多少，赔偿多少（填平原则）

侵权法对侵权行为的法律评价就是要求通过对侵权行为的制裁达到恢复被破坏的法律关系的目的。在此立法思想指导之下，权利人受到什么损害、侵权人就应当赔偿什么损害，权利人受到多少损害，侵权人就应当填补多少损害，通过填平机制使权利人的权利恢复到侵权行为发生前的状态。

2. 赔偿直接损失和可预见范围内的可得利益损失

完全赔偿是对直接损失和间接损失的赔偿。直接损失是侵权人侵害他人合法权益造成的现实的、直接的损失。间接损失是因侵权行为发生时应当得到的利益未得到从而造成的损失，包括人身损害的间接损失和财产损害的间接损失。

侵权损害赔偿的规则同学们都掌握了吗？通过一道习题检测一下吧！

练一练 7

（多项选择题）关于完全赔偿规则，下列说法正确的是（　　）。

A. 依照主观恶性小的少赔偿

B. 损失多少赔偿多少

C. 是对直接损失和间接损失的赔偿

D. 赔偿直接损失和可预见范围内的可得利益损失

（二）损益相抵规则

损益相抵规则，指侵权行为受害人基于损害发生的同一原因而获得利益时，应扣除该利益以确定实际的损害赔偿额的规则。

大陆法系国家普遍承认损益相抵规则的适用。我国目前没有明确规定损益相抵规则。

损益相抵规则的适用要件是：

（1）侵权之债的成立。损益相抵规则是确定侵权损害赔偿具体范围的计算规则，若不存在侵权人赔偿受害人损失的问题，则无所谓损益相抵的适用。

(2) 受害人因同一侵权行为而获得利益。即受害人在遭受损失的同时获得财产上的利益。

(3) 侵权行为与所得利益间存在因果关系。受害人所获得的财产利益是因为侵权人侵权行为造成的。

(三) 过失相抵规则

《民法典》侵权责任编第 1173 条规定："被侵权人对同一损害的发生或者扩大有过错的，可以减轻侵权人的责任。"

过失相抵按照其适用的侵权类型分为一般情形下的过失相抵和特殊情况下的过失相抵。前者规定于《民法典》侵权责任编第 1173 条，这是过失相抵规则的一般适用原则，只要受害人对于损失的发生或扩大存在过错，就应当减轻或者免除加害人的责任。《民法典》侵权责任编规定的各种特殊侵权行为中被侵权人的故意或者重大过失可以构成侵权人免除或者减轻责任的条件。特殊情况下的过失相抵并非只要受害人存在过失就要适用该规则。

(四) 最高赔偿限额与惩罚性赔偿

1. 最高赔偿限制

最高赔偿限制往往存在于危险责任（或称严格责任）之中。其存在理由有两个：其一，只有最高限额才能使得危险责任具有可保险型；其二，对于责任人来说，法律规定最高限额才具有经济上的可承受性。

2. 惩罚性赔偿

惩罚性赔偿，指由法庭所作出的赔偿数额超出实际损害数额的赔偿。它除具有一般损害赔偿的功能外，还有独特的功能。主要体现在两个方面：一是对受害人的超损失赔偿功能；二是对不法行为人的惩罚遏制功能。

三、侵权损害赔偿类型

(一) 财产损害赔偿

1. 财产损害赔偿的概念和特征

财产损害，指侵权行为侵害财产权，使财产权的客体遭到破坏，致使其使用价值和交换价值的贬损、减少或者完全丧失，或者破坏了财产权人对于财产权客体的支配关系，是财产权人的财产利益受到损失，从而导致权利人拥有的财产价值的减少和可得财产利益的丧失。广义上的"财产"指财产权利，包括自物权、他物权以及债权和知识产权，还包括股权、继承权等财产权，同时也包括财产利益。

财产损害具有以下特征：

(1) 财产损害是侵权行为侵害财产权益所造成的客观后果。

侵权行为侵害财产权益，必然造成财产损害后果。财产损害在侵权法有两个最基本的意义：首先，财产损害作为侵害财产权益民事责任构成要件之一，决定着侵权行为责任的构成，此时财产损害的决定作用是其是否客观存在，而不是财产损害范围的大小；其次，财产损害作为确定侵权赔偿责任范围的尺度，起决定作用的是损害范围的大小，而不是其是否客观存在。此时确定财产损害不是以事实是否存在为准，而是以其财产价值量的变化作为标准计算。财产损害正是以它的客观存在形态和客观损失大小这样两个相互对立又相互统一的客观因素，完整、和谐地构成一个整体。

（2）财产损害是指财产权益价值量的改变。

财产损害不是指财物的物理形态的变化和灭失，而是指财产价值量的改变。从客观上说，财产损害在财物的侵占和毁损上，是指财物的物理形态的变化和灭失。但是，由于财产损害不仅仅是指物的损失，还包括其他财产利益的损害；并且财产损害虽然有的表现为财产权人财产的减少和灭失，但从法律意义上看，财产损害的表现形式应是权利人财产的价值量的改变。财产既包括有形财产，也包括无形财产；既包括积极财产，也包括消极财产。只有以价值的损失作为财产损害的形态，才能准确地加以计算财产损害的具体范围，并且按照这种损害范围来予以准确地赔偿。

（3）财产损害的表现形式是价值量的贬损、减少和灭失。

财产损害的表现方式，是财产权人价值量的贬损、减少和灭失。贬损，是财产利益遭受贬值、损毁等；减少，是指财产价值量的降低；灭失，则指一定范围内财产价值量的全部失去。财产损害的上述表现形式，总是体现在某项特定的财产或者财产利益方面。虽然它们最终表现为被侵权人财产拥有总量的减少，但原则上只计算特定财产即受到侵害的财产的损害，而不计算被侵权人拥有的全部财产损失多少。

2. 财产损害的种类

从侵权法的救济手段的角度看，财产损害包括三种，即侵占财产、损坏财产和其他财产利益损失。

（1）侵占财产。

侵占财产是以对他人所有的财产的非法占有为特点，使该财产的所有人对该财产丧失占有乃至丧失所有权，最典型的是偷窃、抢夺，还包括其他侵占财产的行为，诸如非法扣押他人财产等。侵占财产的最典型的表现形态，是由所有权人或者合法占有人占用、支配的特定的财物，转而被行为人所占有，物的所在位置发生了变化，即因侵权行为而使被侵害的物转移占有。

（2）损坏财产。

损坏财产是以对他人所有的财产进行毁损为特点，使该财产的价值和使用价值受到破坏，以致完全丧失，使原所有权人的财产拥有量减少，以致丧失。损坏财产的最典型的表现形态，是财物的外在形态和内在质量受到破坏，财物虽然还在所有权人或者合法占有人的控制支配之下，但是由于财物的“质变”，而使权利人所拥有的财产价值量发生了变化，受到了损失。损坏财产包括对财产的毁灭和损坏。前者是指财物的质的根本改变，由于侵害，该物已经不是原来意义上的财物，而是成为另外一种意义上的物，使用价值完全改变；后者是指财物的非本质的改变，作为原来意义上的财物并没有发生变化，只是其使用价值降低。区分毁损和灭失，其意义在于，财物的毁损只能进行赔偿，如果财物损坏后还有残存的价值，则有适用损益相抵原则的必要。财物的损坏可以使用恢复原状的方法救济，也可以使用折价赔偿的方法救济。

（3）其他财产利益损失。

其他财产利益损失，是指除所有权以外的其他财产权受到损害而损失的财产利益。当这些权利受到侵害以后，就会造成这些财产利益的损失。即使是侵权行为中的纯粹经济利益损失，也正是其他财产利益损失的一种。这种财产损害在财产损害中占有相当大的比重。在商品经济不发达的时期，我国财产权法律制度不健全，人们不太重视这些财产利益的价值。随着社会主义市场经济日益发展，人们越来越重视这些权利及其体现的财产利益，这些财产利益在社会中也越来越重要。侵权法必须适应社会的发展需求，把这种财产利益的损失作为侵权行为的重要后果，采取相应的措施，加以切实、有效的保护。

3. 财产损失的赔偿范围

确定财产损失赔偿范围，应当以全部赔偿为原则，即财产损失赔偿数额的确定，以财产利益所损失的价值为客观标准，损失多少，赔偿多少，即《民法典》侵权责任编第1184条规定的“财产损失按照损失发生时的市场价格或者其他合理方式计算”。

（1）损失多少就赔偿多少。对损害赔偿责任范围的确定，应当坚持客观标准。首先，不能以过错的程度作为赔偿范围的依据，即并不意味着故意造成的损害应该全赔或者多赔，过失造成的损害就可以少赔。其次，不能以行为的损害程度作为赔偿范围的依据。损害程度指的是损害所达到的地步。作为财产责任的损害赔偿，必须以民法的公平和等价有偿原则作为衡量的尺度，才能在侵权法中实现等价有偿的原则。最后，认错态度不能作为确定责任范围的标准。无论侵权人认错态度如何，损失财产的价值则是不变的。

既然损害赔偿的目的主要是补偿被侵权人的财产损失，确定赔偿责任范围的唯一依据是财产损失的大小，对于财产的损失必须给予全部赔偿。

（2）全部赔偿包括直接损失和间接损失。侵权人既要对现有财产的直接减少进行赔偿，也要对在正常情况下实际上可以得到的利益即间接损失进行赔偿。直接损失是行为人的加害行为所直接造成的被侵权人的财产减少，对于直接损失应当全部赔偿。间接损失原则上也应当全部赔偿。因为在正常情况下，被侵权人本应当得到这些利益，只是由于侵权人的侵害才使这些可得利益没有得到。这种损失虽然与直接损失有些区别，但这种区别只是形式上的，实质上并没有根本的区别。对于间接损失如果不能全部予以赔偿，被侵权人的权利就得不到全部保护，同时侵权人的违法行为也得不到应有的制裁。因此，间接损失也应当全部赔偿。

(3) 赔偿合理损失。

实行全部赔偿原则前提是予以赔偿的损失必须是合理的，不合理的损失不应予以赔偿。《民法典》侵权责任编第 1184 条规定了损失的计算方法，即“按照损失发生时的市场价格”进行计算。同时本条给予法官选择“其他合理方式计算”的权力，从而能更好、更灵活地确定财产损害赔偿责任。

(4) 实行损益相抵。

对于财产损害实行全部赔偿，但必须从全部损失中扣除新生利益，实行损益相抵。对此，应当依照损益相抵原则，进行科学、准确的计算，以其相抵以后的损失额，予以全部赔偿。

4. 财产损害赔偿的计算

《民法典》侵权责任编第 1184 条规定：“侵害他人财产的，财产损失按照损失发生时的市场价格或者其他合理方式计算。”这并非强行性规定，而只是提出财产损失的计算可以采用通常价格（即市场价格）来进行。

(1) 按照损失发生时的市场价格计算。

一个侵权案件审判终结需要时间，侵权行为发生时、诉讼开始时、诉讼终结时都可能成为财产损失计算的时间点。《民法典》侵权责任编第 1184 条统一以财产损失发生时的市场价格为计算标准：被损害的财产完全损毁、灭失的，按照该财产当时在市场上对应的价格标准，按全价计算。如果被完全毁损、灭失财产已经使用一定时间以上，按照法律对折旧率的相关规定，依法定的折旧率来计算年折旧率，其公式为：

年折旧额=(取得成本－残存价额)×法定年折旧率

使用年限不足一年的，按实际使用月数与全年之比计算；不满一月的，以一月来计算。

(2) 按损失发生时的其他方式计算。

法条的这一规定，留下了一个“借口”，以便为不能按市场价格计算的财产损失的计算确定依据。

(二) 人身损害赔偿

1. 人身损害赔偿一般问题

《民法典》侵权责任编第 1179 条规定的“人身损害”不仅包括轻伤害、重伤害和轻微伤害，还包括致人死亡。因而，人身损害的概念在侵权法中增加了它本身词义中一般所不包含的内容，成为侵权法中的一个专门概念。人身损害赔偿，是指民事主体的生命权、健康权、身体权受到不法侵害，造成致伤、致残、致死的后果以及其他损害，要求侵权人以财产赔偿等方法进行救济和保护的侵权法律制度。

2. 人身损害赔偿所保护的人格权

（1）生命权。

生命权是以自然人的生命安全利益为内容的人格权，其以自然人的生命安全为客体，以维护人的生命活动延续为基本内容，保护的对象是人的生命活动能力。

侵害生命权，以自然人的生命丧失为标准。侵权行为作用于人体，使人的生命活动能力丧失，就是侵害生命权。民法对侵害生命权的确认标准是客观标准，是以生命丧失的客观结果论。凡是造成自然人死亡的，就可以构成民法上的侵害生命权的侵权行为。

（2）健康权。

健康权是指自然人以其维持人体生命活动的利益为内容的人格权。其基本功能，就是维护人体机能和功能发挥的完善性。

侵害健康权，是侵权行为作用于人体，使人的机体生理机能的正常运作和功能的完善发挥受到了破坏，使被侵权人的人体生理机能、发育、体质等综合发展状况在原有的水平上下降，不能保持原有的水平。侵害健康权的后果包括三种形式：一是造成人身损害，经过治疗而愈合；二是造成人身损害，经过治疗留下了残疾；三是造成了其他疾患。无论是何种后果，只要健康权遭到侵害，就构成侵害健康权。

侵害健康权与侵害生命权的界限在于，凡是造成生命丧失后果的侵权行为，就是侵害生命权的侵权行为；虽然是侵害人体的侵权行为，但没有造成生命丧失的，就不是侵害生命权的侵权行为。

（3）身体权。

身体权是自然人维护其身体组成部分的完整、完全，并支配其肢体、器官和其他组织的人格权。身体权的基本功能，一方面是对身体组成的完整性的维护；另一方面是对自己身体组成部分的支配，其着重点在于前者。

侵害身体权，就是侵害身体组成部分的完整性，包括身体组成部分的实质性完整和形式上完整。擅自取得人体组成部分，破坏的是身体权的实质完整；对身体进行殴打、戏弄等但没有造成伤害的，侵害的是身体形式完整。

侵害身体权和侵害健康权的侵权行为都以人体作为侵害的对象，二者区别在于：侵害健康权的侵权行为，侵害的是人体功能的完善性发挥，破坏的是人体功能的完善性；侵害身体权的侵权行为侵害的是人体组成的完整性，破坏的是人体实质上和形式上的完整。如果一个侵权行为既破坏了人体组成的完整性，又破坏了人体功能的完善性，则应当从重而论，认定为侵害健康权的侵权行为。

3. 一般人身损害的财产损失赔偿

一般人身损害的财产损失赔偿，是指侵权人的侵权行为造成的尚未达到被侵害人伤残、死亡后果的一般损害的财产赔偿。《民法典》侵权责任编列举的是一般人身损害的财产损失赔偿的法定项目，但是不全面。最高人民法院《关于审理人身损害赔偿案件适用法律若干问题的解释》中关于人身损害赔偿计算的规定，除死亡赔偿金一项外，其他规定基本上不与《民法典》侵权责任编相冲突，因而也具有适用的效力。

人身损害财产损失的赔偿范围，如表 2 - 3 所示。

表 2 - 3　人身损害财产损失的赔偿范围

赔偿范围	具体规定
医疗费	被侵权人的人身遭受损害，最主要的损失就是为治疗人身损害而支付的金钱，这是一种财产上的损失，这种损失是侵害健康权所直接造成的财产损失后果，包括挂号费、检查费、药费、治疗费、康复费等费用。医疗费的赔偿数额，一般根据医疗机构出具的药费、治疗费等收费凭证，结合病历和诊断证明等相关证据确定医疗费的具体数额。赔偿义务人对治疗的合理性和必要性有异议的，应当承担相应的举证责任。医疗费的赔偿数额最终按照一审法庭辩论终结前实际发生的数额确定。器官功能恢复训练所必要的康复费、适当的整容费以及其他后续治疗费，赔偿权利人可以待实际发生后另行起诉，但根据医疗证明或者鉴定结论确定必然发生的费用，可以与已发生的医疗费一并要求赔偿
护理费	赔偿护理费的前提是，被侵权人遭受人身损害之后，行动不能自理，需要有人进行护理的，需要支出护理费。这种支出也是侵害健康权所造成的直接财产损失后果，是人身损害的财产损失。当事人主张赔偿护理费的，应当有医疗单位或法医的证明。证明需要陪护的，予以赔偿；没有必要的，则不予赔偿。护理费用的计算，一般根据医疗单位或者司法鉴定结论，结合护理人员的收入状况和护理人数、护理期限确定。护理人员有收入的，原则上参照其因误工而减少的收入计算；没有收入或雇用专门护工的，原则参照当地护工从事同等级别护理的劳务报酬标准计算。护理期限原则上应计算至受害人恢复自理能力时止。受害人因残疾不能恢复自理能力的，可以根据其年龄、健康状况等因素确定合理的护理期限
交通费用	如果被侵权人遭受人身损害之后，需转院治疗的，要支出转院治疗的交通费。即使是没有转院治疗的，被侵权人在受到伤害以后到医院进行治疗，也会有一定数量的交通费支出。这些支出的交通费也是人身损害的直接后果，是一种财产上的损失。交通费一般包括：（1）受害人及其必要陪护人员就医或者转院实际发生的交通费用；（2）必要的陪护人员因护理目的往返于住所和医院之间必要且合理的实际发生的交通费用。赔偿交通费应当根据实际支出确定，以正式交通费的票证收据为准，票证收据记载的时间、地点、人数要与实际救治的时间、地点、人数相一致。对不合理的支出，不应当赔偿，但确定的标准不宜过于严格。例如，对没有就近治疗，但是选择的医院是合理、必要的，其交通费也应当赔偿

4. 致人残疾的财产损失赔偿

侵权行为导致受害人残疾的，除了赔偿人身损害的一般财产损失项目以外，还应当赔偿特殊项目。《民法典》侵权责任编第 1179 条中明确规定“造成残疾的，还应当赔偿辅助器具费和残疾赔偿金”。

残疾赔偿金，是受害人残疾后所特有的一个赔偿项目。司法解释规定根据被侵权人丧失劳动能力程度或者伤残等级，按照受诉法院所在地上一年度城镇居民人均可支配收入或者农村居民人均纯收入标准，自定残之日起按 20 年计算。但 60 周岁以上的，年龄每增加 1 岁减少 1 年；75 周岁以上的，按 5 年计算。被侵权人因伤致残但实际收入没有减少，或者伤残等级较轻但造成职业妨害严重影响其劳动就业的，可以对残疾赔偿金作相应调整。

残疾辅助器具费，是指受害人因残疾而造成身体功能全部或者部分丧失后需要配制补偿功能的残疾辅助器具的费用。残疾生活辅助器具主要包括假肢及其零部件、假眼、助听器、盲人阅读器、助视器、矫形器等。司法解释按照普通适用器具的合理费用标准计算。伤情有特殊需要的，可以参照辅助器具配制机构的意见确定相应的合理费用标准。辅助器具的更换周期和赔偿期限参照配制机构的意见确定。

5. 致人死亡的财产损失赔偿

人身损害死亡赔偿制度是指自然人因生命权受侵害而死亡，侵权人承担金钱赔偿责任的一种民事法律救济制度。

通常认为死亡赔偿金并不全部是对死者的财产损害的赔偿，而是对于受害死者有关的一些亲属的赔偿。亲属有广义和狭义之分：广义的亲属为血亲、配偶以及姻亲的总称，而狭义的亲属权仅指血亲和配偶。在我国作为请求权主体的“近亲属”是一个由司法解释确认的概念，《民法典》婚姻家庭编第 1045 条规定：“配偶、父母、子女、兄弟姐妹、祖父母、外祖父母、孙子女、外孙子女为近亲属。”我国的死者近亲属的死亡赔偿金请求权顺位可以遵守《民法典》继承编第 1127 条规定的继承顺序安排提出赔偿请求的先后顺序。

6. 死亡赔偿金的计算标准

（1）确立死亡赔偿金计算标准的原则。

确立死亡赔偿金计算的标准，首先应当明确应遵守的原则。死亡赔偿金计算标准的确立应遵守平等原则和全部赔偿原则。

（2）死亡赔偿金的计算。

《民法典》侵权责任编没有确立死亡赔偿金的计算标准问题。原《侵权责任法》（草案）中曾提出死亡赔偿金的计算问题，即第一，确定死亡赔偿金的中间线，例如采取国家上一年度城镇职工年平均工资乘以多少年，计算出一个适当的中间线，作为一般的计算标准；第二，按照被侵权人不同年龄和收入等情况，在这个中间线上下合理增加或者减少。

7. 同一侵权行为导致数人死亡时的赔偿

《民法典》侵权责任编第 1180 条规定：“因同一侵权行为造成多人死亡的，可以以相同数额确定死亡赔偿金。”这是对死亡赔偿金的一个特殊规定。该条是关于同一侵权行为致多人死亡时，可以“同命同价”的规定。

（1）受害人在同一事故中死亡，适用数额相同的死亡赔偿金标准的理由是：1）“同一事故”是众多被害者死亡的共同原因，构成侵权的要素基本相同，即侵权人主观过错、侵害事实、损害后果、因果关系相同，这些相同点是死亡赔偿金数额相同的基础和条件。2）确定死亡赔偿金数额时，原则上应当就高不就低，按照个体赔偿数额较高的标准确定死亡赔偿金数额。

(2) 关于同一侵权行为导致数人死亡时，可以“同命同价”的具体适用问题：1)“以相同的金额确定死亡赔偿金”的，是以较高的“相同数额”为标准还是以较低的“相同数额”为标准。如果一个侵权行为造成二人以上的多人死亡，受害者中有的是城镇居民，有的是农村居民，而侵权行为由发生在农村，那么，死亡赔偿金是按照城镇标准的相同数额还是按农村标准的相同数额确定呢？在此情况下，会出现争议，一般而言，法院从保护受害者权益的角度，通常会选择较高的赔偿标准确定死亡赔偿金数额。2) 同一侵权行为造成多人死亡的，“同命同价”是选择性的，且选择适用“同命同价”的权利在于法官。

(三) 精神损害赔偿

1. 精神损害赔偿的概念

精神损害赔偿是指自然人因其自身权益受到违法行为的侵害，导致人格利益和身份利益受到损害或遭受精神痛苦，要求侵权人通过财产赔偿的方式进行救济的民事法律制度。精神损害赔偿是侵权责任法的组成部分，是侵权责任的一个具体形式，是行为人实施侵权行为之后应当承担的法律后果。精神损害赔偿、人身损害赔偿和财产损害赔偿构成了侵权责任的基本形式。

《民法典》侵权责任编第1183条规定：侵害自然人人身权益造成严重精神损害的，被侵权人有权请求精神损害赔偿。因故意或者重大过失侵害自然人具有人身意义的特定物造成严重精神损害的，被侵权人有权请求精神损害赔偿。

2. 精神损害赔偿的性质

精神损害赔偿的法律性质是财产赔偿责任。理由如下：

(1) 精神损害赔偿以财产方式作为主要救济手段。

就广义而言，精神损害赔偿包括赔偿损失、停止侵害、恢复名誉、消除影响、赔礼道歉。但其中最主要、最基本的救济方式是赔偿损失。赔偿损失的方式，是财产救济手段，即以由侵权人向被侵权人给付财产的基本形式，救济被侵权人受到侵害的权利。对于财产的损失用赔偿方法救济，是财产救济手段；对于非财产的精神损害用赔偿方法进行救济，仍然是财产救济手段。

(2) 精神损害赔偿的基本功能是填补损害。

精神损害赔偿具有多种功能，如补偿功能、惩罚功能、抚慰功能、调整功能等，但是作为财产赔偿，其基本功能是填补损害。就财产损失而言，赔偿的目的完全着眼于填补损害。精神损害是无形损害，绝大多数的精神损害无法用财产的标准加以衡量。但是，确立精神损害赔偿的目的，就是以财产的方式补偿被侵权人所遭受的精神损害，对被侵权人精神利益损失和精神痛苦的赔偿，具有明确的填补损害并使该损害得到平复的功能。

(3) 我国《民法典》明文规定精神损害赔偿的方式之一是赔偿损失。

《民法典》侵权责任编第1183条明文使用精神损害赔偿的概念，更加明确我国的赔偿损失责任方式包括财产损失的赔偿、人身损害的赔偿和精神损害的赔偿。

3. 精神损害赔偿的适用前提

依据《民法典》侵权责任编第 1183 条的规定，适用精神损害赔偿的前提，是侵权人侵害他人人身权益的行为，造成他人严重的精神损害。

（1）“侵害他人人身权益”，包括侵害他人生命权、健康权、身体权、姓名权、肖像权、名誉权、人格尊严权、人身自由等人身权益。在法律适用中，对于《民法典》侵权责任编第 1164 条所包含的人身权直接进行保护，在满足其他要件时承认精神损害赔偿。

（2）“造成他人严重精神损害”中的“他人”不限于被侵权人，有时因侵权行为受到严重精神损害的，还有受害人的近亲属。但是如何才能构成严重精神损害呢？应以一般社会观念作为认定标准，对第 1183 条“严重精神损害”的解释，主要还应该考查侵权人侵害被侵权人人身权益的严重程度。

4. 精神损害赔偿的适用范围

我国最高人民法院《关于确定民事侵权精神损害赔偿责任若干问题的解释》规定了精神损害赔偿的适用范围：侵害生命权、健康权、身体权、姓名权、肖像权、名誉权、人格尊严权、人身自由权；违反社会公共利益、社会公德侵害他人隐私或者其他人格利益；非法使被监护人脱离监护，导致亲子关系或者近亲属间的亲属关系遭受严重损害；自然人死亡后，他人以侮辱、诽谤、贬损、丑化或者违反社会公共利益、社会公德的其他方式，侵害死者姓名、肖像、名誉、荣誉，非法披露、利用死者隐私，或者以违反社会公共利益、社会公德的其他方式侵害遗体、遗骨而使死者近亲属遭受精神痛苦；具有人格象征意义的特定纪念品因侵权行为而永久灭失或者损害。可以将上述权利侵害作出如下分类：

（1）侵害物质性人格权的精神抚慰金。

侵害生命权、健康权或身体权，造成精神痛苦的，侵权人应当承担精神损害抚慰金的赔偿责任。对此，被侵权人享有损害赔偿请求权。

（2）侵害精神性人格权的精神抚慰金。

侵害精神性人格权可以请求赔偿精神损害抚慰金，但是否一定要达到“严重精神损害”的标准才可以请求精神损害赔偿尚无定论。在实践中掌握，侵害精神性人格权造成较为严重的精神损害的，就可以请求精神损害赔偿。同时，要降低严重精神损害的标准，法官在掌握精神损害严重程度的时候降低尺度，使更多的被侵权人能够得到精神损害赔偿。

（3）侵害身份权的精神损害抚慰金。

侵害身份权的可以请求赔偿精神损害抚慰金。其中“身份权”还包括配偶权、亲权和亲属权。因此，侵害配偶权、亲权、亲属权或监护权的，被侵权人可以请求精神损害抚慰金赔偿。对于侵害著作权中的身份权的，例如，侵害署名权、修改权、维护作品完整权，造成严重精神损害的，也应当准许被侵权人提出精神损害抚慰金的赔偿请求。

（4）故意侵害人格利益、身份利益造成严重损害的精神损害抚慰金。

《民法典》侵权责任编第 1182 条规定的人身权益，当然包括人格利益、身份利益的精神损害赔偿。

（5）侵害具有人格象征意义的特定纪念物品的精神损害抚慰金。

侵害具有人格象征意义的特定纪念物品，对被侵权人造成严重精神损害的，应当准许被侵权人请求精神损害抚慰金赔偿。

5. 精神损害赔偿的适用限制

主要体现在以下两个方面：（1）请求权基础的限制。对于合同违约，不支持违约的精神损害赔偿，也就是说，受害人只有依据《民法典》侵权责任编的规定，才能获得精神损害赔偿。（2）适用范围的限制。一般来说，仅仅侵犯财产权益，不能主张精神损害赔偿。

在我们学习这一部分知识后，你认为“案例索引”中李某要求张某承担精神损害赔偿是否是合理的呢？

本部分小结

《民法典》侵权责任编是一部与自然人民事权益最近的法律，是一部明确侵权责任、合理主张赔偿的“维权宝典”。侵权损害赔偿是一种适用最为普通、经常的民事责任方式。关于侵权损害赔偿，大家在学习时一定要注意三类损害赔偿的基本规定。我们一起来梳理一下本部分主要讲授的内容：

1. 侵权损害赔偿的问题，包括侵权损害赔偿的基本概念、规则、类型。

2. 精神损害赔偿的概念、性质、适用前提。

第三章

关于责任主体的特殊规定

第一节 监护人责任

导 语

民法充满着人文情怀，在允许无行为能力人和限制行为能力人参与社会生活的同时，对于可能带来的一系列后果也设计了配套制度。面对无行为能力人和限制行为能力人正常生活、成长的需求，考虑到其他人的合法权益保护，《民法典》侵权责任编引入监护人责任的制度，一方面保护受害人利益，另一方面也借由监护人的监督促进无行为能力人和限制行为能力人的健康恢复和正常成长。监护人责任属于特殊主体的侵权责任，我国《民法典》侵权责任编第1188～1189条明确规定了监护人责任。在学习监护人责任时一定要注意分析法条的具体规定，下面我们先来看一个小案例。

案例索引

老李给自己的越野车投保了10万元责任险。老李让其子小李（14周岁）学习开车，某日小李独自开车时不慎撞坏叶某的轿车，叶某为此花去修车费2万元。

问题：对叶某的损失应由谁承担责任？为什么？

同学们，你是否能给出以上案例的答案呢？让我们一起学习下面的知识点，并对自己的答案做一个检测吧！

知识详解

一、监护人责任概述

（一）监护人责任的概念

《民法典》侵权责任编第1188条规定了监护人责任：“无民事行为能力人、限制民事行为能力人造成他人损害的，由监护人承担侵权责任。监护人尽到监护职责的，可以减轻其侵权责任。有财产的无民事行为能力人、限制民事行为能力人造成他人损害的，从本人财产中支付赔偿费用；不足部分，由监护人赔偿。”

监护人责任，又称无民事行为能力人或者限制民事行为能力人致人损害的侵权责任，是指无民事行为能力人或者限制民事行为能力人因自己的行为致人损害，由行为人的监护人（包括未成年人的父母）承担赔偿责任的特殊侵权责任。

（二）我国监护人责任的特点

《民法典》侵权责任编规定的监护人责任具有以下特点：

1. 监护人责任是对人的替代责任

首先，监护人责任是替代责任而不是自己责任，即无民事行为能力人或限制民事行为能力人实施具体的侵害行为，造成了被侵权人的人身损害或财产损害，侵害了被侵权人的权利，但承担侵权责任的不是造成损害的行为人，而是行为人的监护人，是监护人替代实施加害行为的行为人承担侵权责任。因此，监护人责任是典型的替代责任。其次，监护人责任的替代责任，是为他人的行为承担损害赔偿责任，是对人的替代责任，以此与为物件致人损害的对物的替代责任相区别。

2. 监护人责任是过错推定责任

首先，监护人责任是过错责任，是基于过错而产生的侵权责任，因此与无过错责任相区别。其次，这种过错并没有体现在具体的加害行为人身上，而是体现在行为人的监护人身上。就行为人而言，因为其无民事行为能力或其民事行为能力受限制，不能或不能完全判断行为的后果，因而无法或者不能判断其主观状态是否有过失。最后，监护人的过错并不需要原告的证明，而是由具体的加害行为人的侵害行为而推定其监护人未尽监护职责的过错。

3. 监护人责任的履行受行为人财产状况的制约

我国立法在确定了监护人责任之后，在责任履行上，受无行为能力或限制行为能力的行为人有无财产的制约。行为人自己有财产的，应当先从他自己的财产中支付赔偿金，赔偿不足部分，再由其监护人承担补充责任。

4. 监护人责任以公平分担损失规则为补充

我国的监护人责任实行过错推定原则。但是，在监护人能够证明自己对于实施加害行为的未成年人或者精神病人已经善尽监护职责的时候，即监护人自己无过错，并不免除监护人的侵权责任，而是“可以减轻其侵权责任”。这是公平分担损失规则的适用，是考虑平衡双方当事人的经济利益而采取的措施。

二、监护人责任的归责原则

我国监护人责任适用的归责原则是过错推定原则，以公平分担损失规则作补充。

1. 监护人责任的归责原则是过错推定原则

确定监护人责任适用过错推定责任原则，即从加害行为人致人损害的事实中，推定其监护人有疏于监护的过失。监护人认为自己无过错，实行举证责任倒置，即监护人可以举证证明自己无过错；不能证明自己无过错的，监护人应当承担侵权替代责任。如果对监护人责任适用过错责任原则，被侵权人将因不能举证证明监护人的过错而无法得到赔偿。按照过错推定原则的要求，原告无须举证证明监护人的过错，即可从损害事实中，推定监护人未尽监督之责，存在过失。监护人无法证明自己已尽监督义务而无过错的，过错推定成立，应承担赔偿责任。

2. 以公平分担损失责任作为补充

确定监护人责任，在适用过错推定原则的基础上，如果证明监护人确已尽监督责任，即监护人无过错，本应免除监护人的侵权责任，但是为了平衡当事人之间的利益关系，则按照法律的规定，适用公平分担损失责任进行调整，合理确定赔偿责任归属。

在无民事行为能力人、限制民事行为能力人致人损害时，行为的直接主体并不是监护人，监护人只是依据法律规定应负责任的责任主体。所以，这种侵权责任的分担损失，责任主体与行为主体是分离的。使责任主体对行为主体的损害后果承担侵权责任，无疑体现了过错责任的要求。但是，如果监护人证明了自己并没有过错，依据过错推定原则而免除监护人的侵权责任，显然就会使无民事行为能力人或者限制民事行为能力人造成的损害无法得到赔偿；相对于监护人而言，监护人无过错而不承担责任，那么被侵权人对于损害的发生也没有过错，况且损害是由监护人监护之下的未成年人或者精神病人所致，为什么要由被侵权人承担全部损失的后果责任呢？这样做显然更不合理。正是为了避免这种责任承担的不合理，我国民法规定对监护人责任以公平分担损失责任为补充，以维护被侵权人、监护人和被监护人的利益。

《民法典》侵权责任编所规定的公平分担损失责任主要体现在以下方面：

第一，监护人的适当责任。根据《民法典》侵权责任编第 1188 条的规定，监护人尽到监护责任的，可以减轻其侵权责任。因此，监护人已尽监护之责，虽可表明其没有过失，但从维护无辜的被侵权人的利益考虑，法律不允许监护人完全免责，法院可以基于公平考虑而减轻其侵权责任。

第二，有财产的无民事行为能力人、限制民事行为能力人的责任。无民事行为能力人、限制民事行为能力人致人损害，虽无主观过错，但其行为与损害结果之间毕竟有事实上的因果关系，如果他们有负赔偿责任的财产，则基于公平的考虑，应从其财产中支付赔偿，监护人只负补充责任。

第三，基于公平考虑的监护人的责任。在根据公平分担损失责任原则确定当事人的责任时，应注重考虑当事人的财产状况、经济收入、必要的经济支出和负担、造成损害的程度等因素，公平合理地分担损失。

三、监护人责任的构成要件

在监护人责任构成的四个要件中，损害事实的要件并没有特别之处，其他三个要件具有显著特点。

（一）违法行为

监护人责任是替代责任，其违法行为的要件必然是行为人与责任人相脱离，是责任人为行为人承担赔偿责任。

1. 无民事行为能力人或者限制民事行为能力人的违法行为

构成监护人的侵权责任最首要的，为违法行为人必须是无民事行为能力人或者限制民事行为能力人，精神病患者和未成年人自属之。

构成监护人责任的行为人的违法行为，应当是无民事行为能力人或者限制民事行为能力人自己实施的行为，而不是他人利用无民事行为能力人或者限制民事行为能力人而实施侵权行为。

我国《民法典》侵权责任编对于监护人责任的构成，并不要求行为人须无识别能力或者责任能力，只是以民事行为能力为标准，按照《民法典》总则编第 19～22 条规定，凡是未成年人，以及不能辨认自己行为的成年人和不能完全辨认自己行为的成年人，都是无民事行为能力人和限制民事行为能力人，都适用《民法典》侵权责任编第 1188 条规定。

2. 监护人的不作为违法行为

监护人在监护人责任构成中的行为，是未尽监护职责的行为，主要表现为不作为的行为方式。法律明确规定，监护人对无民事行为能力人或限制民事行为能力人负有监护义务，这种义务是作为义务，监护人必须履行。监护人没有履行监护义务，没有教育管教好无民事行为能力人或限制民事行为能力人使之造成他人的损害，构成不作为的违法行为。

（二）过错

监护人责任构成中的过错要件的第一个特点是，过错与行为人相分离，即过错不是行为人的过错，而是对行为人负有监督之责的监护人的过错。监护人责任与用人责任的区别在于，在用人者责任中，行为人可能有过错，也可能无过错，而监护人责任中却不能要求行为人有过错或者无过错，因为无民事行为能力人或者限制民事行为能力人没有识别能力或者识别能力不足，无法确认他们是否具有过错。因此，监护人责任构成中的过错是监护人自己的过错，是监护过失的过错。

监护人过错的第二个特点是，监护人的过错只能是过失，不能是故意。监护人主观过错的内容是未能尽监督责任，具体表现为疏于教养、疏于监护或者疏于管理，其共同特点在于都是监护人应当注意而未能注意，因而为过失的心理状态。假如监护人故意指使被监护人实施侵权行为，则不构成监护人的责任，而是监护人自身的侵权行为，应由自己单独承担侵权责任或者刑事责任，被监护人实际上是监护人的侵权工具。

此外，监护人责任构成中的过错要件不采用证明形式，而采用推定形式。如果监护人认为自己无过错，则举证责任倒置，由监护人自己举证，证明自己已尽监督责任。一般认为，证明标准应按监护人的性质、被监护人的种类及其他有关情事综合考虑。

（三）因果关系

监护人责任构成中的因果关系具有双重关系。首先，加害行为人的行为与损害事实之间须具有因果关系，即损害事实须因行为人的行为所引起，两者之间有引起与被引起的客观联系。其次，监护人的疏于监督责任与损害事实之间也应有因果关系。但是，这种因果关系在因果关系链上相距较远，而不是直接因果关系。具体要求是，监护人的疏于监督职责是行为人即受监督之人实施加害行为的原因，受监督之人因为监护人疏于监督而实施加害行为，并因此而导致被侵权人的权利被侵害。尽管疏于监督之责与损害事实之间的因果关系非为直接，但却必须具备这种因果关系，不具备这种因果关系，就不构成监护人的侵权责任。

四、特殊类型的监护人责任

（一）学校、幼儿园或其他教育机构的责任

无民事行为能力人、限制民事行为能力人在幼儿园、学校等教育机构致人损害的责任承担。归纳如下：

（1）因监护关系未移转，监护人承担无过错的替代责任。

（2）学校不承担无过错责任。如果学校违反教育、管理、保护义务具有过错的，学校承担与其过错相应的责任。

（3）监护人的无过错责任与学校的过错责任为按份责任，而不是连带责任。

（4）学校仅在无民事行为能力人、限制民事行为能力人在学校学习、生活期间负有教育、管理、保护的义务。

（5）老师对损害的发生具有过错的，不对外承担责任，由学校对外承担责任。

监护人责任内容如此多，单纯记忆一定有些吃力。下面让我们通过“练一练”来强化记忆这部分的内容，巩固所学知识点吧！

练一练 8

某小学组织春游，队伍行进中，某班班主任张某和其他教师闲谈，未跟进照顾本班学生。该班学生李某擅自离队购买食物，与小贩刘某发生争执被打伤。

问题：对李某的人身损害应如何赔偿？

（二）监护人不明时的责任

通常情况下，监护人是明确的，一旦被监护人造成他人损害，由确定的监护人承担责任。但特定情形下，如原监护人死亡，新监护人还未确定时，就会出现监护人不明的情况，此时，被监护人造成他人的损害，应按照《民法典》总则编第 27 条和第 28 条规定的指定监护顺序，由顺序在先的人承担责任。未成年人的监护顺序是：一是祖父母、外祖父母；二是兄、姐；三是其他经未成年人住所地的居民委

员会、村民委员会或者民政部门同意的愿意担任监护人的个人或者组织。无民事行为能力或者限制民事行为能力的成年人的监护顺序是：一是配偶；二是父母、子女；三是其他近亲属；四是其他经被监护人住所地的居民委员会、村民委员会或者民政部门同意的愿意担任监护人的个人或者组织。

（三）夫妻离婚情况下监护人的责任

父母对未成年子女的监护关系不因父母离婚而解除，父母离婚后再婚的，亦同。父母离异后，无民事行为能力人、限制民事行为能力人跟父母一方生活期间致人损害的，由与其共同生活的父亲或母亲承担无过错的替代责任。仅在与其共同生活的一方无力单独承担的情况，未与其共同生活的父亲或母亲承担剩余部分的责任。

五、监护人赔偿责任的承担

监护人侵权赔偿责任有两种形式：

第一种是基本的赔偿责任方式，即由监护人单独承担替代责任，被监护的行为人不承担赔偿责任，也没有对行为人的追偿关系。

第二种是特别的赔偿责任方式。按照《民法典》侵权责任编第 1188 条第 2 款的规定，是一种补充责任。当被监护的行为人本人有财产时，应由本人的财产支付赔偿费用；对赔偿不足的部分，由监护人负补充责任。这种责任不是连带责任，监护人不是就全部赔偿责任负责，而只对有财产的行为人赔偿不足部分承担补充赔偿责任。如果行为人的财产足以赔偿被侵权人的损失，就不用监护人承担赔偿责任。

这两种赔偿责任适用以行为人是否有财产为标准。行为人有财产的，可以采用第二种责任方式；行为人没有财产的，则一律由监护人单独负责。

学习本部分内容一定要跟法条结合起来记忆，为了方便同学们学习，我们把相关法条都给列举出来了，请同学们一定要认真阅读。

相关法条

《民法典》总则编第 31 条 对监护人的确定有争议的，由被监护人住所地的居民委员会、村民委员会或者民政部门指定监护人，有关当事人对指定不服的，可以向人民法院申请指定监护人；有关当事人也可以直接向人民法院申请指定监护人。

居民委员会、村民委员会、民政部门或者人民法院应当尊重被监护人的真实意愿，按照最有利于被监护人的原则在依法具有监护资格的人中指定监护人。

依据本条第一款规定指定监护人前，被监护人的人身权利、财产权利以及其他合法权益处于无人保护状态的，由被监护人住所地的居民委员会、村民委员会、法律规定的有关组织或者民政部门担任临时监护人。监护人被指定后，不得擅自变更；擅自变更的，不免除被指定的监护人的责任。

《民法典》侵权责任编第 1188 条 无民事行为能力人、限制民事行为能力人造成他人损害的，由监护人承担侵权责任。监护人尽到监护职责的，可以减轻其侵权责任。

有财产的无民事行为能力人、限制民事行为能力人造成他人损害的，从本人财产中支付赔偿费用；不足部分，由监护人赔偿。

第 1199 条 无民事行为能力人在幼儿园、学校或者其他教育机构学习、生活期间受到人身损害的，幼儿园、学校或者其他教育机构应当承担侵权责任；但是，能够证明尽到教育、管理职责的，不承担侵权责任。

第 1200 条 限制民事行为能力人在学校或者其他教育机构学习、生活期间受到人身损害，学校或者其他教育机构未尽到教育、管理职责的，应当承担侵权责任。

第 1201 条 无民事行为能力人或者限制民事行为能力人在幼儿园、学校或者其他教育机构学习、生活期间，受到幼儿园、学校或者其他教育机构以外的第三人人身损害的，由第三人承担侵权责任；幼儿园、学校或者其他教育机构未尽到管理职责的，承担相应的补充责任。幼儿园、学校或者其他教育机构承担补充责任后，可以向第三人追偿。

同学们，学完以上知识点、阅读完法条，是否能够给出本节“案例索引”的答案呢？本案应由小李的监护人老李对叶某承担侵权赔偿责任。那原因有哪些呢？根据我国《民法典》侵权责任编第 1188 条的规定，因小李未满 18 周岁，属于未成年人，并且小李没有财产。因此，应由他的监护人老李承担侵权责任。

本部分小结

由于无行为能力人和限制行为能力人心智尚不成熟、思虑尚不健全，不具有完全行为能力人那样的智识水平和精神状态，难免会给社会中的其他人带来麻烦甚至损害。如果按照“自己行为、自己责任”原则处理，不仅有悖于民法保护无行为能力人和限制行为能力人的初衷，给无行为能力人和限制行为能力人增加沉重负担；而且由于无行为能力人和限制行为能力人往往不具有财产而使得受害人无法从无行为能力人和限制行为能力人那里得到赔偿。

本部分对监护人责任进行了全面的介绍和阐述，帮助大家对监护人责任的概念、归责原则、构成要件、特殊类型有所了解和掌握，另外请大家思考以下几个问题：

1. 监护人承担侵权责任的前提有哪些？
2. 监护人承担侵权责任的法理基础是什么？

第二节　用人者责任

导语

提起“用人者”这个名词大家肯定并不陌生。但是，《民法典》侵权责任编中的用人者责任的归责原则有哪些呢？关于用人者的责任的具体内容，我们先看老王最近发生的一件事情吧。

案例索引

老王是一家建筑公司的员工，被公司派往一家超市作业。老王在安装一扇窗的时候，由于他没有遵守作业规则，摔了下去，腿部骨折，花费医药费若干。同时，一个路过的行人被掉下来的玻璃砸伤，花费医药费若干。

问题：建筑公司、老王、超市谁要承担相应的责任？

同学们在看完案例后，是不是对后面内容的学习有了浓厚兴趣呢？下面就让我们一起正式进入本次课的学习。

知识详解

一、用人者责任概述

（一）用人者责任的概念

用人者包括单位和个人，在传统上一般都统称为雇主，在限定范围的语境下，雇主责任包括两方面的含义：一是雇主对受雇人在工作过程中所遭受的损害承担责任；二是雇主对受雇人在执行职务过程中造成他人损害所承担的责任。这里的雇主责任主要是指受雇人在工作过程中造成他人损害的情形。

雇主责任涉及三方面主体，即雇主、雇员和受害人。其中，雇主与雇员之间是雇佣关系，雇员是造成受害人损伤的具体行为人，雇主则是法律规定的对受害人承担责任的责任人。雇主责任是典型的替代责任。

我国用人单位责任包括国家机关工作人员因工作而产生的侵权行为，所以，不宜适用“雇佣责任”。所谓用人者，是指使用他人并指派其从事某种活动的人，包括用人单位，也包括个人；被使用人指接受用人者指示，根据用人者意思提供劳务的人，包括单位的工作人员，也包括个人劳务提供者。

（二）用人者责任的特征

1. 用人者责任是一种替代责任

雇主责任不是对雇主自己实施的侵害行为承担责任，而是对雇员的侵权行为承担责任，属于替代责任，即由他人对行为人的行为承担责任，其典型表现是行为人与责任人相脱离。由于工作人员是为用人单位工作，用人单位可以从工作人员的工作中获取一定的利益，因此，工作人员因工作所产生的风险，需要用人单位承担。用人单位与工作人员相比，一般经济能力较强，让用人单位承担责任，有利于更好地保护被侵权人的合法权益，也有利于用人单位在选任工作人员时能尽到相当的谨慎和注意义务，加强对工作人员的监督和管理。

2. 用人者责任以雇员的职务行为侵权为前提

不是因执行工作任务或者因劳务发生的支配他人劳动的行为，不能构成用人者责任。也就是说，雇员（被使用人）须在从事用人者指示的任务或者履行自己的职务过程中造成他人损害。

3. 用人者责任的成立以雇员行为构成侵权为基础

雇员的行为不构成侵权，雇主自然也无从替代其承担责任。在用人者责任中实际上存在两个行为：一个是造成损害的工作人员的行为，这是造成损害的具体行为；而另一个行为则是用人单位、劳务派遣单位或者雇主的监督不力、管理不当。雇员行为构成侵权是用人者责任的基础，但用人单位、派遣单位以及雇主的行为必须作用在工作人员或者劳动者的身上，才造成了劳动者的具体行为的发生。因此，在用人者责任的责任构成中，因果关系存在造成损害的直接原因和间接原因，两种原因行为相结合，才能构成侵权责任。

4. 用人者责任适用无过错责任原则

在世界范围内，大多数国家在雇主责任中适用无过错责任（英美法称严格责任），而德国以及受德国影响大的国家如日本等，适用过错推定原则。

注意

执行工作任务的范围，包括用人单位的工作人员接受用人单位的授权或指示进行的一切工作。

（1）凡与工作无关的行为，即使在工作时间内，也不属执行工作任务，而由行为人直接承担侵权责任。

（2）国家机关工作人员在民事活动中侵害他人民事权益，才适用此处民事侵权责任的规定；而其履行公职权的行为，则适用《国家赔偿法》的有关规定，不属侵权责任法的调整范围。

（三）用人者责任的归责原则

我国《民法典》总则编没有规定雇主责任，在第 62 条规定了“法定代表人因执行职务造成他人损害的，由法人承担民事责任。法人承担民事责任后，依照法律或者法人章程的规定，可以向有过错的法定代表人追偿”。《民法典》侵权责任编同样采用了这种理念。通过在用人者责任方面，规定了用人者对被用人者造成的损害承担责任，而没有规定其在人员选任、工作管理、监督方面尽到了注意义务可以免除责任，所以，是采用了无过错责任原则。

（四）用人者责任的类型

《民法典》侵权责任编将用人者责任规定为三种类型，即用人单位责任、劳务派遣责任和个人劳务责任。

区别三种不同的用人者责任类型，主要意义在于：

第一，三种用人者责任的基础都是劳动合同关系，但三种劳务关系的性质不同：用人单位责任的劳务合同，是工作单位和工作人员形成的单一的劳务关系，工作人员因执行工作任务造成了他人损害，用人单位必须负责；而劳务派遣责任，形成两种合同关系，既有劳务派遣单位和劳动者的合同关系，又有接受劳务派遣的用工单位与劳务派遣单位的合同关系，并且接受派遣单位在实际上支配工作人员的劳动；个人劳务关系尽管也是劳务关系，但内容简单，关系明确。

第二，三种用人者责任的规则不同。《民法典》侵权责任编第 1191 条和第 1192 条作出了不同的规定，都是有针对性的。

二、用人单位责任

（一）用人单位责任的概念和特征

用人单位责任，是指用人单位的工作人员因执行工作任务造成他人损害，由用人单位作为赔偿责任主体，为其工作人员致害的行为承担损害赔偿责任的特殊侵权责任。

用人单位责任的基本特征是：第一，其实施侵权行为的主体特定化，只有用人单位的工作人员造成侵权后果的时候，才能够成立这种侵权行为；第二，其侵权行为发生的场合特定化，只有用人单位的工作人员因执行工作任务造成他人损害，才能构成这种侵权行为；第三，其侵权损害的行为状态特定化，只有用人单位的工作人员因执行工作任务造成第三人的损害，才能构成这种侵权责任；第四，这种侵权行为的责任形态是替代责任，用人单位工作人员造成第三人损害，承担责任的不是行为人即用人单位的工作人员，而是用人单位，因此是典型的替代责任形态。

（二）用人单位责任的构成要件

1. 当事人之间存在雇佣关系

当事人之间是否存在雇佣关系可以从支付报酬、雇员的行为是否受雇主监督或支配以及雇员是否提供了实际劳务等方面综合判断。

2. 工作人员的行为须构成侵权

用人者责任以雇员行为为基础，雇员的行为正当，即便造成他人损害，雇员依法不承担责任的，用人者也无承担责任的基础。所以，用人者责任须以雇员行为构成侵权为前提，此侵权应以雇员为行为人作为判断标准。雇员的行为符合过错责任的，由用人者承担过错责任；雇员行为符合无过错责任的，则由雇主承担无过错责任。

3. 须有第三人受损害的事实

用人单位责任的损害事实要件，包括侵害人身权利和财产权利所造成的损害后果。损害事实可以是人身损害事实，也可以是精神损害事实，也包括财产损害事实。雇主责任以雇员造成他人损害为前提，第三人没有损害的，雇主自然也无承担责任的道理。如果雇佣行为仅造成了雇员损害，则属于工伤事故责任。

4. 须执行职务行为造成损害

用人单位工作人员的行为须是执行职务的行为，才能构成用人单位责任。在《民法典》侵权责任编第1191条规定中，使用的概念不是执行职务，而是“执行工作任务”。执行工作任务与执行职务只是表述方法不同，其实质内容是一致的。因此，只有在执行职务过程中造成损害的，才是职务行为，用人单位才有必要为其造成的损害负责。工作人员虽然造成他人损害，但如果不是执行职务的行为，则用人单位不承担责任，只能由行为人自己承担责任，变成了自己责任的一般侵权行为。工作人员实施与职务无关的行为致人损害的，应当由行为人承担赔偿责任。

（三）用人者责任的抗辩

单纯就用人单位责任抗辩而言，员工的行为不构成侵权自然也是用人者的抗辩事由，但这里所说的用人单位责任的抗辩，是指在员工的行为构成侵权并承担责任时的抗辩。

1. 员工故意或者重大过失

用人单位责任是雇主对雇员的行为承担无过错责任。但是，在员工故意或有重大过失时，仍然要求用人者独立承担责任有失公平。因此，并非在任何情况下，员工的行为都由用人单位承担法律后果。其实，用人单位向有过错的雇员追偿，也可以依据合同或依据法律规定。

依据我国法律规定，用人单位责任属于无过错责任，但是，无过错责任是针对用人单位而言的，如果受害人对于损害有过错，则也涉及责任抗辩问题。在用人单位责任中，受害人如果仅有一般过失，则不能作为减轻用人单位责任的理由。

如果工作人员致人损害在主观上有过错，用人单位赔偿被侵权人的损失以后，即对工作人员取得追偿权，工作人员应当赔偿用人单位因赔偿被侵权人的损失所造成的损失，此时形成一个新的损害追偿法律关系。

2. 派遣单位无过错

在劳务派遣情况下，被派遣的工作人员造成他人损害的，通常情况下由接受劳务派遣的用工单位承担侵权责任，而派遣单位有过错的，则应当承担相应的补充责任。但是，如果派遣单位没有过错，则无须承担侵权责任。

三、劳务派遣情况下的用人者责任

在劳务派遣期间，被派遣的工作人员因执行工作任务造成他人损害的，由接受劳务派遣的用工单位承担责任，劳务派遣单位承担相应责任的特殊侵权责任。

（一）劳务派遣责任的构成要件

构成劳务派遣责任，应当具备以下要件：

1. 在当事人之间存在劳务派遣的劳动关系

构成劳务派遣责任，首先必须在三方当事人之间存在劳务派遣的劳动关系：在劳务派遣单位与被派遣的工作人员之间有劳动合同关系，劳务派遣单位与用工单位有劳务派遣合同关系。根据上述两个合同关系，被派遣的工作人员在用工单位提供劳动。没有这样的劳务派遣的劳动关系，不存在劳务派遣责任。

2. 被派遣的工作人员在执行派遣工作任务中造成他人损害

劳务派遣责任中的损害事实要件，同样是致他人损害，包括人身损害和财产损害。这个损害事实应当在被派遣的工作人员执行派遣的工作任务中发生，也就是被派遣的工作人员因执行工作任务造成他人损害的客观事实。如果不是在执行派遣的工作任务中造成损害，则不构成劳务派遣责任，而可能是一般的用人单位责任。例如，被派遣的工作人员在去往派遣单位的途中尚未到达用工单位即造成损害，或者在完成派遣任务回到派遣单位中造成他人损害，则不构成劳务派遣责任。

3. 损害事实的发生与被派遣的工作人员因执行工作任务有因果关系

造成他人损害的行为，应当是被派遣的工作人员执行派遣工作的任务行为所致，二者之间有因果关系。在接受派遣劳务之后，被派遣的工作人员在执行工作任务中造成他人损害，就构成劳务派遣责任。

4. 接受派遣单位在指挥监督工作人员工作中有过失

构成劳务派遣责任，接受派遣单位须有过失。过失的表现，是接受派遣单位在指挥、监督工作人员执行职务行为中，应当注意而未尽注意义务。确定接受派遣单位的过失，应当采用推定方式，在被侵权人已经证明前述三个要件的基础上，推定接受派遣单位存在上述过失。接受派遣单位认为自己没有过失者，应当自己提供证据证明。能够证明自己没有过失的，不承担侵权责任；不能证明的，过失推定成立，应当承担赔偿责任。

劳务派遣单位的过错要件的作用，在于劳务派遣单位承担补充责任，而不是确定接受派遣单位的责任。

（二）劳务派遣的责任承担

劳务派遣期间，被派遣的工作人员因执行工作任务造成他人损害的，按照下列规则承担责任：

1. 由接受劳务派遣的用工单位承担无过错的替代侵权责任

具备前述劳务派遣责任构成要件的，成立接受派遣用工单位的责任，接受派遣用工单位应当承担赔偿责任。在劳动派遣责任中不由劳务派遣单位承担责任而由接受派遣用人单位承担责任，原因在于接受派遣用工单位在支配工作人员的劳动，工作人员是在用工单位的指挥、监督下，直接为接受派遣用工单位进行劳动。

如果工作人员在执行派遣劳务的执行工作任务致人损害有过错的，则在接受派遣用工单位承担了赔偿责任之后，有权向有过错的工作人员追偿。

2. 若用工单位的赔偿能力不足，劳务派遣单位有过错的，承担与其过错相应的补充责任

派遣的工作人员在执行工作任务中造成他人损害，派遣单位也有过错的，由于派遣单位与被派遣的工作人员之间有劳动关系，劳务派遣单位应当承担相应的补充责任。

劳务派遣单位的补充责任具有三个特点：

(1) 具有顺位利益，若用工单位的赔偿能力充足，派遣单位即使具有过错，也不对外承担责任，这是“补充”二字的含义。

(2) 派遣单位的责任是过错责任。即使用工单位赔偿能力不足，派遣单位若无过错，也不承担责任，这是“过错”二字的含义。

(3) 派遣单位有过错的，承担与其过错相应的补充责任。就是说，并非“剩多少一定得补充赔偿多少”，而是“补充赔偿与其过错相应的数额”，这是“相应”二字的含义。

四、个人劳务责任

(一) 个人劳务责任的概念和特征

个人劳务责任是一种特殊的用人者责任，是指在个人之间形成的劳务关系中，提供劳务一方因劳务活动造成他人损害，接受劳务一方应当承担替代赔偿责任的特殊侵权责任。

个人劳务责任具有以下法律特征：

(1) 接受劳务一方与提供劳务一方之间具有个人劳务关系。

个人劳务责任最主要的特征在于，接受劳务一方与提供劳务一方之间具有劳务关系。接受劳务一方出具工资报酬，提供劳务一方出卖劳动力；换言之，接受劳务一方出具价金，提供劳务一方为接受劳务一方通过自己的劳动创造价值。不具有个人劳务关系这个特征的，如帮工、换工等，不适用此责任。

(2) 提供劳务一方执行劳务活动造成的损害是接受劳务一方的行为造成损害。

既然提供劳务一方的执行劳务活动的行为就是接受劳务一方的行为，提供劳务一方在执行劳务活动中的行为造成了第三人的损害，就等于是接受劳务一方的行为造成的损害。如果提供劳务一方在执行劳务活动中造成了自己的损害，则是工伤事故责任，而不是个人劳务责任。

(3) 个人劳务责任的侵权责任形态是替代责任。

个人劳务责任是典型的替代责任，因为具体实施侵权行为的人是提供劳务一

方，而不是接受劳务一方，但是在侵权损害赔偿法律关系上，则由接受劳务一方作为损害赔偿法律关系的赔偿责任主体，被侵权人不是向实施侵权行为的提供劳务一方请求赔偿，而是向接受劳务一方行使损害赔偿请求权。

（二）个人劳务责任替代责任的构成

1. 接受劳务一方与提供劳务一方之间须有特定关系

构成个人劳务责任，首先必须在责任人和行为之间具有劳务关系，具体表现为三个方面：

首先，接受劳务一方与提供劳务一方之间具有特定的人身关系，即提供劳务一方在受雇期间，其行为受接受劳务一方意志的支配与约束；在从事劳务活动过程中，提供劳务一方按照接受劳务一方的意志所实施的行为，实际上等于接受劳务一方自己所实施的行为。

其次，接受劳务一方与提供劳务一方所造成的第三人的损害之间存在特定的因果关系，损害事实虽是提供劳务一方的行为所直接造成，但接受劳务一方对提供劳务一方选任不当、疏于监督管理等作为与不作为的行为，是损害事实得以发生的主要原因。

最后，接受劳务一方与提供劳务一方之间有着特定的利益关系。提供劳务一方在受雇期间所实施的行为，直接为接受劳务一方创造经济利益以及其他物质利益，接受劳务一方承受这种利益，提供劳务一方据此得到报酬。

2. 接受劳务一方须处于特定地位

在替代责任中，这种特定地位表现为替代责任人在其与加害人的特定关系中所处的带有支配性质的地位。

考察为加害人的损害后果负责的责任人地位，主要参考以下几个方面：双方有无确定特定关系的事实或合同；加害人是否受有责任人的报酬；加害人的活动是否受责任人的指示、监督或监护等约束；加害人是否向责任人提供劳务。

考察接受劳务一方是否处于应负替代责任的地位，即确定接受劳务一方与提供劳务一方之间是否存在劳务关系。劳务关系的存在与否主要参考以下几个方面：一是双方有无劳务合同（口头的或书面的）；二是提供劳务一方有无报酬；三是提供劳务一方有无提供劳务；四是提供劳务一方是否受接受劳务一方的监督。

3. 提供劳务一方在造成第三人的损害中应处于特定状态

替代责任中的加害人处于特定状态是必要条件。个人劳务责任的替代责任，接受劳务一方是提供劳务一方的雇主，提供劳务一方在造成损害的时候是因劳务活动行为。

考察提供劳务一方致人损害时是否为因劳务，该因素为接受劳务一方承担替代责任的决定性因素。确定提供劳务一方是否因劳务活动，应当按照以下规则处理：第一，接受劳务一方有明确指示授权的，按照接受劳务一方的明确指示确定。第二，超出接受劳务一方授权的范围，即接受劳务一方没有明确指示的，以提供劳务一方从事活动的外在表现形态为标准，如果行为在客观上表现为与接受劳务一方指示办理的事件要求相一致，就应当认为是属于从事劳务活动的范围。

4. 接受劳务一方在主观上存在过错

主观过错表现在接受劳务一方身上，接受劳务一方的过错内容，表现在对提供劳务一方的选任、监督、管理上的疏于注意义务。确定接受劳务一方的过错，应采过错推定的形式。

大家还记得本节“案例索引”的问题和案情吗？案例中的建筑公司、老王、超市三者之间就属于劳务派遣情况下的用人者责任。老王及被砸伤路人的医药费应当由建筑公司（即老王的用人单位）承担相应的责任，如果超市没有过错则可以抗辩免责。

对劳务派遣情况下的用人者责任的掌握情况如何，让我们通过分析一个小案例检测一下。

练一练 9

甲请A搬家公司搬家，A公司派出C、D前往。C与D在搬运甲最珍贵的一盆兰花时不慎将其折断，由此引发了甲与C、D之间的争吵，争吵之时不知是谁将甲家阳台上的另一盆鲜花碰下，砸伤路人E。

问题：对兰花折断的损失，甲可以要求A公司承担损害赔偿责任吗？E的损害赔偿由谁承担？

相关法条

《民法典》侵权责任编第1191条 用人单位的工作人员因执行工作任务造成他人损害的，由用人单位承担侵权责任。用人单位承担侵权责任后，可以向有故意或者重大过失的工作人员追偿。

劳务派遣期间，被派遣的工作人员因执行工作任务造成他人损害的，由接受劳务派遣的用工单位承担侵权责任；劳务派遣单位有过错的，承担相应的责任。

第1192条第1款 个人之间形成劳务关系，提供劳务一方因劳务造成他人损害的，由接受劳务一方承担侵权责任。接受劳务一方承担侵权责任后，可以向有故意或者重大过失的提供劳务一方追偿。提供劳务一方因劳务受到损害的，根据双方各自的过错承担相应的责任。

五、义务帮工致人损害的民事责任

（一）概述

义务帮工致人损害的民事责任，是指帮工人在从事帮工活动中致人损害所引起的民事责任。帮工作为一种互助行为，在实际生活中是普遍存在的，因帮工而导致他人或者帮工人自己损害的情况也难免发生。

义务帮工致人损害的民事责任分三种情况：

（1）帮工人没有过错或仅存在一般过错，由被帮工人承担赔偿责任；

（2）帮工人对损害的发生存在故意或重大过失，帮工人和被帮工人可能承担连带责任；

（3）在被帮工人明确拒绝帮工时，帮工人造成的损害由帮工人自己承担。

（二）义务帮工与雇佣劳动的区别

义务帮工与雇佣劳动的主要区别包括：

（1）帮工人与被帮工人之间没有雇佣关系。帮工人是主动实施，被帮工人仅为接受。不存在劳动关系，也不能认定为事实上的雇佣劳动关系。

（2）帮工人的行为是无偿的，即所谓的“义务帮工”。而雇佣劳动中，给付劳动报酬是雇佣合同的当然内容。

（3）在法律后果中，被帮工人如果明确拒绝帮工，则对帮工人造成的损害不承担责任。在雇佣劳动中，雇员遭受人身损害，雇主应当承担赔偿责任。

相关法条

《最高人民法院关于审理人身损害赔偿案件适用法律若干问题的解释》第 4 条　无偿提供劳务的帮工人，在从事帮工活动中致人损害的，被帮工人应当承担赔偿责任。被帮工人承担赔偿责任后向有故意或者重大过失的帮工人追偿的，人民法院应予支持。被帮工人明确拒绝帮工的，不承担赔偿责任。

第 5 条第 1 款　无偿提供劳务的帮工人因帮工活动遭受人身损害的，根据帮工人和被帮工人各自的过错承担相应的责任；被帮工人明确拒绝帮工的，被帮工人不承担赔偿责任，但可以在受益范围内予以适当补偿。

帮工人因第三人侵权遭受人身损害的，由第三人承担赔偿责任。第三人不能确定或者没有赔偿能力的，可以由被帮工人予以适当补偿。

本部分小结

本部分主要讲的内容是用人者责任的基本概念、归责原则、构成要件，劳务派遣情况下的用人者责任以及义务帮工致人损害的民事责任。在学习时应当理清楚用人者责任、劳务派遣情况下的用人者责任和义务帮工致人损害的民事责任这三种责任类型的关系。简单来说，这三种责任类型均发生在劳务提供与接受过程中，区别在于提供劳务者的人身依附关系的程度不同。在本部分中，用人者责任作为“替代责任”的特质、用人者责任的无过错归责原则、用人单位与用工单位之间在责任承担上的关系以及被帮工人的责任承担是重点和难点内容，思考以下问题：

1. 义务帮工人与雇佣劳动者有何区别？在责任承担上又有何区别？
2. 劳务派遣单位的补充责任有何特点？

第三节　网络侵权责任

导语

随着互联网时代的到来，网络成了人们日常生活中不可或缺的一部分。互联网在方便人们生活的同时，也使传统法律面临挑战。网络侵权责任就是一种随着互联网的发展而出现的责任类型。本节课让我带着大家一起来看看网络侵权的特征及责任构成。

案例索引

A网站的用户张某未经过李某同意，擅自将李某的网络小说《××传奇》发布在A网站上，李某发现后第一时间告知A网站，但A网站并未删除《××传奇》。之后，李某以侵犯著作权为由将A网站和张某共同诉至法院。

问题：A网站是否构成侵权？

知识详解

一、网络侵权责任的概念

网络侵权，是指一切发生于互联网空间的侵权行为，它既不是指侵害某种特定权益的一般侵权行为，也不属于在构成要件方面具有特殊性的特殊侵权行为。包括以作为方式利用互联网侵害他人民事权益的行为，也包括消极不作为导致他人民事权益受到侵害的行为。网络用户、网络服务提供者利用网络侵害他人民事权益的，应当承担侵权责任。

网络服务提供者与网络用户的连带责任有两种表现形式，如图3-1所示。

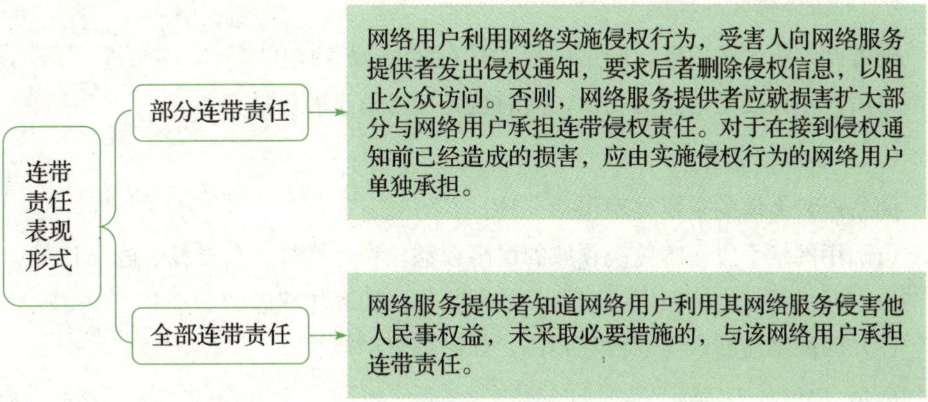

图 3－1　连带责任的两种表现形式

相关法条

《民法典》侵权责任编第 1195 条　网络用户利用网络服务实施侵权行为的，权利人有权通知网络服务提供者采取删除、屏蔽、断开链接等必要措施。通知应当包括构成侵权的初步证据及权利人的真实身份信息。

网络服务提供者接到通知后，应当及时将该通知转送相关网络用户，并根据构成侵权的初步证据和服务类型采取必要措施；未及时采取必要措施的，对损害的扩大部分与该网络用户承担连带责任。

权利人因错误通知造成网络用户或者网络服务提供者损害的，应当承担侵权责任。法律另有规定的，依照其规定。

第 1196 条　网络用户接到转送的通知后，可以向网络服务提供者提交不存在侵权行为的声明。声明应当包括不存在侵权行为的初步证据及网络用户的真实身份信息。

网络服务提供者接到声明后，应当将该声明转送发出通知的权利人，并告知其可以向有关部门投诉或者向人民法院提起诉讼。网络服务提供者在转送声明到达权利人后的合理期限内，未收到权利人已经投诉或者提起诉讼通知的，应当及时终止所采取的措施。

第 1197 条　网络服务提供者知道或者应当知道网络用户利用其网络服务侵害他人民事权益，未采取必要措施的，与该网络用户承担连带责任。

二、网络侵权责任的特征

网络侵权的特殊性是由网络技术的特殊性决定的，其特征主要表现为以下几个方面：

（一）主体特殊

随着网络技术的发展，网络侵权主体除网络服务提供者外，主要是网络用户，而网络用户不仅仅是信息的受众，同时也是网络信息的传播者。

（二）客体特殊

网络侵权客体的主要类型包括三种：

（1）用网络手段侵害传统领域的民事权益，如肖像权、名誉权、隐私权等。

（2）网络领域得到拓展的权利，如网络作品的著作权。

（3）因网络而新产生的权利客体，如虚拟财产等。

（三）侵权行为特殊

网络侵权行为的载体为电子化、数字化的现代化工具，以电脑网络为主要载体。这种侵权行为不会像传统书面材料那样容易留下痕迹，侵权行为比较隐蔽，证据容易消失，被侵权人不易举证。

（四）损害后果特殊

因网络传播的速度快、范围广，网络侵权的后果往往无法确定，而且侵权一旦造成往往无法完全消除，网络侵权损害后果的无限延展性，使得停止侵害等方式难以有效适用。

（五）侵权场所特殊

网络侵权是利用互联网实施的侵害行为，掌握网络基本知识的人只要登录互联网就可以轻而易举地实施侵权行为。互联网空间多大，侵权范围就有多大。

三、网络侵权责任的构成

网络侵权在归责上属于过错责任原则，在构成上自然要符合一般侵权责任的构成要件。网络用户的侵权构成并无特殊性，但网络服务提供者的责任构成有特殊性。根据《民法典》侵权责任编第 1195～1197 条的规定，网络服务提供者的责任类型分为侵权“通知”和“知道”侵权两种，在构成上也有所不同。

（一）侵权“通知”情况下的责任构成

（1）网络用户实施了侵权行为，即确有被侵权人所通知的他人利用网络实施的侵权行为。

（2）“通知”合格。在“通知”程序中，通知在内容和形式上必须合格，否则不构成通知。

（3）网络服务提供者未及时采取必要措施。网络技术服务提供者接到通知后，必须及时采取删除、屏蔽、断开链接等必要措施，阻止他人访问该侵权信息。

（二）“知道”侵权情况下的责任构成

（1）网络用户的行为属于侵权。

（2）网络服务提供者知道他人利用网络实施侵权。从我国立法精神上看，此处的侵权仅包括“明知”，而不包括“应知”。

（3）未采取必要措施。“必要”指网络侵权服务提供者能够提供的有效制止和防止侵权行为的措施。

根据以上知识点，“案例索引”涉及的是网络服务者的侵权责任，在李某通知A网站后，A网站没有及时采取删除、屏蔽等必要措施，所以自然构成侵权。

练一练 10

甲、乙是同事，因工作争执甲对乙不满，写了一份丑化乙的短文发布在丙网站。乙发现后要求丙网站删除，丙网站不予理会，致使乙遭受的损害扩大。

问题：丙网站是否应承担责任？

本部分小结

随着信息时代的来临和深化，网络侵权的发生愈发普遍。因为互联网侵权与传统侵权行为相比具有损害后果的无限延展性等特点，所以更需要我们关注。本部分内容介绍了网络侵权责任的概念、特征和构成，希望大家能够理解和掌握相关知识。课后，大家可以结合《民法典》侵权责任编第1194～1197条的规定对本部分内容进行复习和巩固，进一步思考以下问题：

1. 网络侵权与普通的侵权行为有什么区别？
2. 网络服务提供者在什么情况下应当承担侵权责任？

第四节　违反安全保障义务的侵权责任

导 语

同学们知道什么是安全保障义务吗？安全保障义务制度对当代社会具有十分重要的意义，我国《民法典》侵权责任编第1198条作出了明确的规定。下面我将带领大家一起学习安全保障义务的概念、违反安全保障义务侵权责任的类型、安全保障义务的构成要件、未尽到安全保障义务应当承担什么样的侵权责任等问题。

案例索引

一天，小王下班后到某高档酒店就餐，邻座小张、小李因喝酒发生了激烈的争吵，继而动手打斗，但是，酒店保安见状未出面制止。小张拿起酒瓶向小李砸去，小李躲闪，结果小王不幸被砸伤头部，花费医疗费3 000元。

问题：小王的医疗费应当由谁承担？为什么？

知识详解

一、违反安全保障义务侵权责任的概述

（一）违反安全保障义务的侵权责任的概念

公共场所的管理人、群众性活动的组织者必须对他人负担安全保障义务。安全保障义务，是指宾馆、商场、银行、车站、娱乐场所等公共场所的管理人或者群众性活动的组织者所负有的在合理限度范围内保护他人人身和财产安全的义务。

安全保障义务人包括公共场所管理人和群众性活动的组织者。公共场所包括以公众为对象进行商业性经营的场所以及对公众提供服务的场所，如宾馆、商场、银行、车站、机场、码头、公园、餐厅、娱乐场所等。群众性活动是指面向社会公众举办的参加人数较多的活动，如展览、展销、游园、灯会、庙会、花会、演唱会、音乐会、人才招聘会、体育比赛活动等。

违反安全保障义务的侵权责任，是指因违反对他人合法权益的安全保障义务，公共场所的管理者或群众活动的组织者直接或者间接地造成他人人身或者财产权益损害，应当承担的侵权责任。

（二）违反安全保障义务侵权责任的类型

根据《民法典》侵权责任编第 1198 条的规定，违反安全保障义务的侵权责任包括：义务人自己过失的责任和第三人侵权时的补充责任。

（1）义务人自己过失的责任：指负有安全保障义务的公共场所管理者或群众性活动的组织者未尽到合理防范或有效制止损害发生的义务，致使进入其经营管理的公共场所的人或参与其组织的群众性活动的人受到人身或财产损害，因此而应承担责任。

从责任性质看，属于自己责任，由“管理人”或“组织者”承担责任。

（2）第三人侵权时的补充责任：在公共场所或群众性活动中，因管理者或组织者之外的人的侵权行为导致损害发生时，由该第三人承担侵权责任，管理者或组织者在未尽安全保障义务的范围内承担补充责任。

安全保障义务人承担补充责任后，可以向第三人追偿。

二、违反安全保障义务侵权责任的构成

（一）当事人负有安全保障义务

只有法律规定负有安全保障义务的人才承担此项侵权责任，安全保障义务是法律要求当事人履行的一项义务。依据《民法典》侵权责任编第1198条规定的内容，安全保障义务人包括宾馆、商场、银行、车站、机场、体育场馆、娱乐场所等经营场所、公共场所的经营者、管理者或者群众性活动的组织者。安全保障义务的来源主要有以下三个方面：（1）法律直接规定安全保护义务，是最直接的安全保障义务的来源；（2）如果在当事人约定的合同义务中规定，合同的一方当事人对另一方当事人负有安全保障义务的，合同当事人应当承担安全保障义务；（3）按照诚信原则，一方当事人应该对另一方当事人提供安全保障义务，该方当事人也应该负有安全保障义务。

（二）当事人未尽安全保障义务

违反安全保障义务在违法行为的要件中是违法性要素、客观要素，而不是主观过错的判断要素。安全保障义务人有过失，该过失可以有多种表现，可能是场所的设施不完善或管理有漏洞，可能是没有采取预防措施或措施不当等。客观上存在一些能够确定义务人是否尽到了安全保障义务的要素，如在确定防范、制止侵权行为违反安全保障义务的侵权行为中是不是尽到安全保障义务时，可以从安全保障义务的性质、侵权行为的性质和力度、安全保障义务人的保安能力以及发生侵权行为前后所采取的防范、制止侵权行为的措施等方面综合判断。

（三）安全保障义务人不作为

违反安全保障义务的行为一般表现为消极行为，是不作为的行为方式。应当履行作为的安全保障义务的主体，由于未尽适当注意义务，应当作为而没有作为，没有尽到安全保障义务，因此造成受保护人的权利损害。根据法律规定，公共场所的管理人或群众性活动的组织者具有作为义务，如果其对于损害的发生消极不作为，即可以认定其没有履行安全保障义务，但在处理实际案例时，必须结合案例分析。

（四）被侵权人有损害

管理人或组织者确有安全保障义务，但是必须有被侵权人遭受到人身、财产损害或者精神损害，才使其承担侵权责任。人身损害是受保护人的生命权、健康权、身体权受到损害的事实；财产损害是由于违反安全保障义务行为造成了受保护人的财产或者财产利益受到损害的事实，一般是财产的直接损失，不包括期待利益损失。

（五）安全保障义务人的不作为与损害之间存在因果关系

在确定因果关系时，首先确定当事人具有安全保障义务，其次，如果安全保障

义务人尽了该义务，则极有可能避免或减轻损害发生。在第三人侵权的情况下，损害发生原因是第三人侵权，安全保障义务人的不作为只是未能防止或制止损害结果发生，并非严格意义上的因果关系。

（六）违反安全保障义务行为的行为人具有过错

违反安全保障义务人的过错性质，是未尽注意义务的过失，不包括故意。如果违反安全保障义务人在造成损害中具有直接故意和间接故意，则不属于违反安全保障义务的侵权行为类型，而是故意侵权。违反安全保障义务的行为人有无过错的标准是：行为人是否达到了法律、法规、规章等所要求达到的注意义务；或者是否达到了同类公共场所管理人或者群众性活动组织者所应当达到的注意程度；或者是否达到了诚信、善良的公共场所管理人或者群众性活动组织者所应当达到的注意程度。

同学们对违反安全保障义务侵权责任的构成掌握得如何？快通过“练一练”检测一下自己的学习情况吧！

练一练 11

某旅行社导游李某带团游览一处地势险峻的景点时，众人争相拍照，李某未提示注意安全，该团游客崔某不慎将唐某撞下陡坡，导致唐某摔伤。

问题：唐某的损害应由谁承担责任？

三、第三人致人损害情况下的责任承担

安全保障义务人间接侵害他人民事权益的，应当承担相应的补充责任。依据《民法典》侵权责任编第 1198 条第 2 款的规定，因第三人的行为造成他人损害的，由第三人承担侵权责任；经营者、管理者或者组织者未尽到安全保障义务的，承担相应的补充责任。经营者、管理者或者组织者承担补充责任后，可以向第三人追偿。如因旅店没有完善的保安措施或者没有认真履行保安职责导致住店旅客遭受外来酗酒人员殴打的，旅店需要承担相应的补充责任。

现在能回答我们本节“案例索引”的问题了吧？以上案例在性质上属于因第三人的行为所致的侵权责任，且发生于酒店中，故同时也属于经营活动或其他社会活动中的侵权责任。小王头部被砸伤是由小张的行为所致，故小张承担侵权责任。酒店保安对小张、小李的打斗行为未予制止，具有过错，即该酒店存在过错，也就是说，酒店作为管理人，未尽到安全保障义务，故应对小张的损害承担补充赔偿责任。

安全保障义务人的补充责任有两个特点：第一，应先由第三人承担侵权责任，在无法找到第三人或者第三人没有能力全部承担赔偿责任时，才由安全保障义务人

承担侵权责任；第二，安全保障义务人承担的是在其未尽到安全保障义务的范围内承担相应的补充责任，而不是全部责任。

安全保障义务人的责任为过错责任。无过错，则不承担补充责任。

相关法条

《民法典》侵权责任编第1198条 宾馆、商场、银行、车站、机场、体育场馆、娱乐场所等经营场所、公共场所的经营者、管理者或者群众性活动的组织者，未尽到安全保障义务，造成他人损害的，应当承担侵权责任。

因第三人的行为造成他人损害的，由第三人承担侵权责任；经营者、管理者或者组织者未尽到安全保障义务的，承担相应的补充责任。经营者、管理者或者组织者承担补充责任后，可以向第三人追偿。

本部分小结

违反安全保障义务的侵权责任是一种典型的不作为侵权类型，负有安全保障义务的主体承担责任的基础在于未尽安全保障义务的不作为过错行为。对于这种责任类型，关键的是判断是否负有安全保障义务和是否未尽安全保障义务。本部分主要掌握违反安全保障义务侵权责任的构成和第三人致人损害情况下的责任承担。课后，同学可以收集相关案例，结合所学知识进行分析。同时，请思考以下问题：

1. 违反安全保障义务的侵权责任与普通的侵权责任有何区别？
2. 未尽安全保障义务的表现有哪些？

第四章

产品责任与机动车交通事故责任

第一节 产品责任

导语

我们在生活中总是需要用到各种各样的产品，但是大家是否知道当产品造成人身或财产损害时，由谁来承担责任呢？本部分我们将一起学习有关产品责任的归责原则、承担方式以及构成要件等内容，以此解决大家生活中的各种小麻烦。

在正式学习之前，我们先来看一个关于产品责任的小案例，带着案例中的问题进入接下来的学习。

案例索引

甲在乙车行购买一辆丙工厂制造的“幻影”汽车。半年后，甲驾驶该汽车时因汽车自身的缺陷导致刹车失灵，造成甲、丁（同乘的甲之亲戚）人身损害。本案例构成《民法典》合同编规定的“加害给付”，受害人可以选择提起违约之诉与产品侵权之诉。

问题：这两种诉讼的原告和被告是谁？

知识详解

一、产品责任概述

（一）产品责任的概念

产品责任，是指产品生产者、销售者因生产、销售缺陷产品致使他人遭受人身伤害、财产损失或有致使他人遭受人身、财产损害之虞而应承担的赔偿损失、消除危险、停止侵害等责任的特殊侵权责任。

（二）产品责任的法律特征

产品责任具有以下法律特征：

1. 产品责任发生在产品流通领域

产品进入流通领域的标志，是产品经过交易、转让等合同行为，由制造者、生产者之手，转入消费者之手，中间可以经过若干流通环节，即批发、销售、仓储、运输等过程。

2. 致人损害的产品须存在缺陷

产品责任并不是产品自身质量问题和自身损坏造成的产品本身的财产损失，而是产品因缺陷造成使用人的人身伤害或者缺陷产品以外的财产损害。产品自身质量问题和产品损坏造成自身的财产损失，是产品的违约责任；产品因缺陷而造成人身伤害，造成缺陷产品以外的其他财产损害的，是产品责任。

所谓“缺陷”，指产品存在危及人身、他人财产的不合理危险；产品有保障人体健康和人身、财产安全的国家标准、行业标准的，是指不符合该标准。《产品质量法》第46条对产品缺陷作了界定：“本法所称缺陷，是指产品存在危及人身、他人财产安全的不合理的危险；产品有保障人体健康和人身、财产安全的国家标准、行业标准的，是指不符合该标准。”产品缺陷包括三种，如图4-1所示。

(1) 设计缺陷

(2) 指示或警示缺陷

(3) 经过加工、制作、用于销售的产品不符合标准

图4-1 产品缺陷

3. 产品责任是特殊侵权责任

产品责任是物件致人损害的特殊侵权责任，是人对物所造成的损害负责任。产品致人损害时，与该致害产品有关联的人，即生产者、销售者等对所造成的损害承担赔偿责任，是一种特殊侵权责任。

注意

建设工程不属于产品，但建设工程使用的建筑材料、建筑购配件和设备属于产品。血液制品属于产品。

我们来做一道题看同学们是否真的掌握了刚学习的知识。

练一练12

甲在乙商场购买了一个西瓜，西瓜因储存时间太长而变质，甲食用后罹患急性肠炎。

问题：此案例是否可以运用《民法典》侵权责任编关于产品侵权的规定？

二、产品责任的归责原则和承担方式

（一）产品责任的归责原则

（1）产品责任的归责原则：无过错责任原则。无过错责任能够兼顾救济权利、补偿损失与惩罚侵权的功能。同时，无过错责任简化了确定责任所需的证明过程，降低包括运行事故修复系统的成本在内的交易成本，可减少单独个体承受全部损失时的成本。

（2）产品生产者与销售者承担不真正连带责任，主要有以下几种情况：

1）受害人可以要求销售者承担全部赔偿责任，也可以要求生产者承担全部赔偿责任（《民法典》侵权责任编第 1203 条第 1 款）。

2）销售者对缺陷的产生具有过错的，销售者承担最终责任，生产者承担责任后有权向销售者全额追偿（《民法典》侵权责任编第 1203 条第 2 款后半段）。

3）销售者对缺陷的产生没有过错的，生产者承担最终责任，销售者承担责任后有权向生产者全额追偿（《民法典》侵权责任编第 1203 条第 2 款前半段）。

大家应该已经能够得出本节“案例索引”的答案了。此案例受合同相对性规则限制，若提起违约之诉，原告只能是甲（买卖合同的买受人），被告只能是乙（买卖合同的出售人）。若提起产品侵权之诉，原告为甲、丁；被告为乙（销售者）和（或）丙（生产者）。

（3）因运输者、仓储者等第三人的过错使产品存在缺陷，造成他人损害的：

1）运输者、仓储者不对外承担责任（受害人不能将其列为被告）。

2）由产品的生产者、销售者对外承担不真正连带责任（此时，可将运输者或仓储者列为独立请求权的第三人）。生产者、销售者承担责任后有权向有过错的运输者、仓储者追偿（《民法典》侵权责任编第 1204 条）。

（4）因产品侵权适用惩罚性赔偿的要件。根据《民法典》侵权责任编第 1207 条的规定，因产品侵权而承担惩罚性赔偿责任的两个限制性条件是：

1）生产者和销售者明知缺陷存在，仍然生产、销售，或者没有依据第 1206 条的规定采取有效补救措施。

2）造成受害人死亡或者健康权严重损害的后果。

（二）产品责任的承担方式

产品责任的承担除了一般侵权责任承担方式之外，还具有如下特殊之处：

第一，被侵权人针对缺陷产品造成非现实存在的损害，有权要求责任人涤除该危险。因产品缺陷危及他人人身、财产安全的，被侵权人有权请求生产者、销售者承担排除妨碍、消除危险等侵权责任。

第二，产品投入流通后发现存在缺陷的，责任人应及时采取补救措施。依据《民法典》侵权责任编第 1206 条规定，产品投入流通后发现存在缺陷的，生产者、销售者应当及时采取停止销售、警示、召回等补救措施；未及时采取补救措施或者补救措施不力造成损害扩大的，对扩大的损害也应当承担侵权责任。依据此规定采取召回措施的，生产者、销售者应当负担被侵权人因此支出的必要费用。

第三，责任人明知产品存在缺陷仍然生产、销售的，应承担惩罚性赔偿责任。依据《民法典》侵权责任编第 1207 条的规定，明知产品存在缺陷仍然生产、销售，或者没有依据第 1206 条规定采取有效补救措施，造成他人死亡或者健康严重损害的，被侵权人有权请求相应的惩罚性赔偿。

三、产品责任的构成要件

产品责任需满足三个构成要件：

第一，产品存在缺陷。产品须具备两个条件：一是经过加工、制作，未经过加工制作的自然物，不是产品；二是用于销售，因而是可以进入流通领域的物。譬如汽车油门踏板有缺陷，造成交通事故，因此产生产品责任。如果汽车空调制冷有瑕疵，对此生产者、销售者等需要承担的是合同责任，而不是产品责任。

第二，缺陷产品造成受害人民事权益损害。缺陷产品使用人或者第三人因缺陷产品遭受损害。损害包括人身损害和财产损害。缺陷产品致人损害具有特殊性，表现为：(1) 某些缺陷产品，尤其是有设计缺陷的产品，往往受害人多，损害严重；(2) 缺陷产品致人损害，有些损害后果在受害当时或受害后较短时间即可发现，而另一些损害后果往往要经过较长时间才能发现，有些损害甚至要等到直接受害者的后代身上才显现出来；(3) 缺陷产品致人损害，既包括人身方面的损害，也包括财产方面的损害。财产损害既包括缺陷产品以外的其他财产的损害，也包括缺陷产品本身的损害。

第三，缺陷产品与受害人的损害事实之间存在因果关系。产品的缺陷与受害人损害事实之间存在引起与被引起的关系。确认产品责任的因果关系，要由受害人证明，证明的内容是，损害是由于使用或消费有缺陷的产品所致。具体而言，首先，要证明缺陷在产品销售当时即已存在；其次，要证明缺陷产品曾经被使用或消费；最后，要证明使用或消费该缺陷产品是损害发生的原因。

四、产品责任的抗辩事由和诉讼时效

(一) 产品责任的抗辩事由

根据《产品质量法》第 41 条的规定，生产者的特别免责事由有如下三项：

(1) 未将产品投入流通的。判断是否投入流通，关键是看生产者是否已将产品交付他人。不论是采用出售、出租、出借、寄托的方式，也不论是无偿还是有偿，只要基于营业而交付他人，即构成投入流通。

(2) 产品投入流通时，引起损害的缺陷尚不存在的。这种抗辩主要适用于产品缺陷是由后续经营者造成的情形。例如销售者出售过期食品致使他人受到伤害，在这种情况下，生产者免除责任（与自己无因果关系）。

(3) 将产品投入流通时的科学技术水平尚不能发现缺陷的存在。

（二）产品责任的诉讼时效

《产品质量法》第45条规定，因产品存在缺陷造成损害要求赔偿的诉讼时效期间为2年，自当事人知道或者应当知道其权益受到损害时起计算。因产品存在缺陷造成损害要求赔偿的请求权，在造成损害的缺陷产品交付最初消费者满10年丧失；但是，尚未超过明示的安全使用期的除外。

相关法条

《民法典》侵权责任编

第1202条 因产品存在缺陷造成他人损害的，生产者应当承担侵权责任。

第1203条 因产品存在缺陷造成他人损害的，被侵权人可以向产品的生产者请求赔偿，也可以向产品的销售者请求赔偿。

产品缺陷由生产者造成的，销售者赔偿后，有权向生产者追偿。因销售者的过错使产品存在缺陷的，生产者赔偿后，有权向销售者追偿。

第1204条 因运输者、仓储者等第三人的过错使产品存在缺陷，造成他人损害的，产品的生产者、销售者赔偿后，有权向第三人追偿。

第1205条 因产品缺陷危及他人人身、财产安全的，被侵权人有权请求生产者、销售者承担停止侵害、排除妨碍、消除危险等侵权责任。

第1206条 产品投入流通后发现存在缺陷的，生产者、销售者应当及时采取停止销售、警示、召回等补救措施；未及时采取补救措施或者补救措施不力造成损害扩大的，对扩大的损害也应当承担侵权责任。

依据前款规定采取召回措施的，生产者、销售者应当负担被侵权人因此支出的必要费用。

第1207条 明知产品存在缺陷仍然生产、销售，或者没有依据前条规定采取有效补救措施，造成他人死亡或者健康严重损害的，被侵权人有权请求相应的惩罚性赔偿。

本部分小结

在日常生活中，每个人都免不了成为消费者，成为产品的使用者。虽然技术进步创造了社会福利，但是因产品存在质量问题而引发的侵权纠纷与日俱增。因此，我们应当认真学习产品责任的相关知识，对这种日益普遍的侵权责任类型有一个清晰的认识。产品责任是一个重要的知识点并且是近几年的热点话题，更与我们的生活息息相关，希望大家认真学习，并深入思考以下问题：

1. 缺陷的定义是什么？你能在生活中举出产品缺陷的例子吗？
2. 承担产品责任的形式有哪些？

第二节　机动车交通事故责任

导语

在当今社会，机动车几乎成为人们的必需品，机动车交通事故的数量也在日益增加。那么，机动车交通事故责任会涉及哪些知识点呢？本部分我们主要学习机动车交通事故责任的概述、归责体系和构成要件，在开始进入正式的学习之前我们还是先看一个生活中的小案例吧！

案例索引

老张以正常速度驾驶汽车（已投保），突遇行人老王在非人行道处横穿公路，老张紧急刹车，但仍将其撞伤。保险公司在机动车第三者责任强制保险责任限额内对老王支付保险金后，老王尚有一部分损害未获赔偿。

问题：老王未获赔偿部分应由谁承担？

知识详解

一、机动车交通事故责任概述

（一）机动车交通事故责任的概念

《道路交通安全法》第 119 条第 5 项对交通事故的概念作出法律界定："交通事故，是指车辆在道路上因过错或者意外造成的人身伤亡或者财产损失的事件。"

因此，可以将机动车交通事故概念界定为：机动车交通事故，是指机动车与非机动车驾驶人员、行人、乘车人以及其他在公路、城市道路和虽在单位管辖范围但允许社会机动车通行的地方，以及广场、公共停车场等用于公众通行的场所上，进行交通活动的人员，因违反《道路交通安全法》和其他道路交通管理法规、规章的行为，过失或者意外造成的人身伤亡或者财产损失的事件。

机动车交通事故责任，指责任人因道路交通事故侵犯了受害人民事权益应当承担的侵权损害赔偿责任。依据《民法典》侵权责任编第 1208 条的规定，机动车发生交通事故造成损害的，依照道路交通安全法的有关规定承担赔偿责任。

注意

机动车道路交通事故的注意点：(1) 发生在道路上（修车厂就不是）；(2) 必须在运行中（停下来并熄火后就不算）；(3) 因不当的驾驶活动导致损害的发生（如果损害不是因为不当的驾驶活动造成的，则不属于机动车道路交通事故责任的范畴）。

（二）机动车交通事故责任的特征

（1）机动车交通事故责任发生在道路交通领域。道路交通事故只能发生在道路交通领域，是在道路交通活动过程中，机动车、非机动车以及行人之间发生的人身伤亡事故和财产损害事故。离开道路，离开交通活动，不发生机动车交通事故责任。

（2）责任人与受害人在事故发生之前不存在相对性民事法律关系。在道路交通事故发生之前，责任人与受害人之间一般不具有相对性的法律关系；只存在绝对性的法律关系，受害人是权利人，其他任何人均为义务人。由于机动车交通事故责任发生之前在当事人之间不存在相对性的合同关系，因而是纯粹的侵权行为责任，不存在责任竞合的问题，只有在客运合同中存在例外。

（3）机动车交通事故责任的主要形式是人身损害赔偿，但常有财产损害赔偿。机动车交通事故责任与其他事故责任都不同，其主要责任方式是人身损害赔偿，但也存在财产损失赔偿责任。在机动车交通事故责任中，突出的是对自然人的保护，保护的是自然人的生命权、健康权和身体权；对于道路交通事故造成财产损害的，同样由责任者承担侵权责任，对受害人的财产权也予以充分保护。

（4）机动车交通事故责任既受特别法调整也受基本法调整。机动车交通事故责任除了受特别法即《道路交通安全法》调整之外，还受《民法典》侵权责任编的调整，而且在《民法典》侵权责任编的调整中也存在特殊规定和一般规定。因此，在对机动车交通事故责任适用法律的时候，必须既要适用特别法的规定，也要适用基本法的规定。

二、机动车交通事故责任的归责原则体系

（一）道路交通事故责任归责原则概述

现代社会，对道路交通事故致人损害的责任，各国基本都采用无过错责任或严格责任。而在我国，《道路交通安全法》第76条是调整机动车道路交通事故责任的基础规范，具体分两种情况：

（1）机动车与机动车之间发生道路交通事故。1）归责原则：过错责任原则。2）由有过错的一方承担责任。3）双方都有过错的，各自承担与其过错相应的责任。

（2）机动车与行人、非机动车之间发生道路交通事故。1）归责原则：无过错责任原则。2）行人、非机动车故意碰撞机动车的，免除机动车一方的责任。3）能够证明行人、非机动车一方具有过错的，适当减轻机动车一方的责任。4）机动车一方能够证明自己没有过错的，只承担不超过10%的责任。

大家还记得本节“案例索引”中发生的交通事故案件吗？你认为此案例是否属于机动车与行人之间发生交通事故的案件呢？是的，该案属于机动车与行人之间发生交通事故的案件，由于老王在非人行道处横穿马路，故其具有过错，就保险公司在强制保险责任限额内支付保险金后的未获赔偿的损害，机动车一方的赔偿责任可以适当减轻，即只需承担其中的一部分。

（二）强制保险对归责原则的影响

在道路交通事故责任中，法律之所以适用无过错责任原则，责任保险的介入无疑是重要因素。责任保险，指以被保险人对第三者依法应负的赔偿责任为保险标的的保险。

（1）责任保险与侵权法具有相互促进的作用，侵权责任的加重，促进了责任保险的发展，而责任保险对侵权行为的介入，也促使侵权法能更多地采取无过错责任原则。

（2）责任保险的存在，使机动车一方承担无过错责任有了坚实的赔偿基础。

三、机动车交通事故责任的构成要件

机动车交通事故责任包括以下构成要件：

第一，须发生机动车交通事故。道路交通事故只能发生在道路交通领域，否则不构成道路交通事故，只能按一般人身损害赔偿案件处理。

第二，交通事故造成损害结果。损害事实，是指一定的行为致使权利主体的人身权利、财产权利以及其他利益受到侵害，并造成财产利益和非财产利益的减少或灭失的客观事实。机动车交通事故责任中的损害事实是指，因道路交通事故导致受害人民事权利的损害，包括人身损害、精神损害和财产损害。如果仅违反了《道路交通安全法》，没有造成任何损害，则只是交通违法行为，只承担行政法规定的责任，无须承担民事赔偿责任。

第三，事故与损害之间存在因果关系。道路交通事故参与人的行为与受害人损害事实存在引起与被引起的关系，非因机动车造成的损害，机动车的所有人、驾驶人不承担责任。

第四，机动车交通事故责任的过错。在机动车交通事故责任中，在一般情况下，都表现为过失；只有在受害人故意引起道路交通事故损害的时候，才表现为故意。

四、机动车交通事故责任的责任形态

机动车交通事故责任的基本责任形态是替代责任和自己责任。其中替代责任是常态，凡是机动车保有人与机动车驾驶人相分离的机动车交通事故责任，都属于替代责任；而机动车保有人自己驾驶机动车造成交通事故致人损害的，是自己责任。同时，道路交通事故构成共同侵权，则无论是自己责任还是替代责任，都构成连带责任。

（一）机动车交通事故责任中的替代责任

道路交通事故替代责任，是指机动车保有人作为责任主体，为机动车驾驶人的过失行为造成的道路交通事故致他人人身损害或者财产损害，应当承担赔偿责任；机动车保有人承担了赔偿责任之后，有权向有过错的机动车驾驶人追偿的侵权责任形态。

（二）机动车交通事故责任中的自己责任

机动车交通事故自己责任，是指机动车保有人自己驾驶机动车，或者家庭成员驾驶家庭保有的机动车，由于自己的过错造成道路交通事故致他人人身损害或者财产损害，应当由自己或者家庭承担赔偿责任的道路交通事故的责任形态。在道路交通事故损害赔偿的责任形态中，作为侵权责任形态常态的自己责任却成为非常态，是机动车交通事故责任中非常态的责任形态。

（三）机动车交通事故责任中的连带责任

机动车交通事故责任存在共同侵权行为，因此存在连带责任的侵权责任形态。机动车交通事故责任中的连带责任，要么表现为替代责任的连带责任，要么表现为自己责任的连带责任。

本部分小结

自进入工业化社会以来，人类社会就演变为一个充满危险的社会。汽车等交通工具缩短了人与人之间的距离进而方便了人类生活，与此同时却成为社会的一个“危险源”。机动车交通事故频发，其中的责任承担问题属于侵权法关注的重点领域。机动车交通事故责任在归责原则上具有特殊性，大家需要结合《道路交通安全法》第 76 条进行准确掌握。除此之外，机动车交通事故责任的构成要件也是必须掌握的内容。课后，请大家自行收集有关案例，结合案例巩固、复习所学知识，并思考以下几个问题：

1. 机动车交通事故责任的特点是什么？
2. 机动车交通事故责任的构成要件有哪些？

第三节　机动车交通事故责任的主体及责任抗辩事由

导语

前面我们学习了机动车交通事故责任的基本理论问题，这次课我们一起学习机动车交通事故责任的承担主体以及抗辩事由。本部分内容有很强的实用性，所以请同学们一定要重视本次课的内容，下面我们就开启本次学习的航程吧！

案例索引

甲与乙是邻居，一日甲开车准备去公园，乙提出两人正好顺路，请甲将其载上，甲同意。路上，甲的汽车因超速与丙的汽车相撞，甲与乙均受伤。事故经交警部门认定：丙无责任，甲全责。乙要求甲对其受伤承担损害赔偿责任，甲以其好意允许乙搭便车，未收取乙费用为由进行抗辩。

问题：甲的抗辩是否成立？

知识详解

一、我国机动车交通事故责任主体的确定

（一）行政责任是民事责任的主要依据

我国机动车交通事故责任的归属在司法实践中往往以公安交通管理部门出具的事故责任认定结论为标准。但法院在判决时也仅仅将其出具的事故责任认定结论当作证据，有些情况下，交管部门未出具事故责任认定结论，法院也必须作出判决。

（二）确定责任主体的具体标准

在确认道路交通事故责任主体时，应区分以下情况认定：

（1）机动车发生交通事故造成人身伤亡、财产损失的，由保险公司在机动车第三者责任强制保险责任限额范围内予以赔偿。

上述赔偿的不足部分，按下列规则承担赔偿责任：

1）机动车之间发生交通事故的：由有过错的一方承担赔偿责任；双方都有过错的，按照各自过错的比例分担责任。

2）机动车与非机动车驾驶人、行人之间发生交通事故的：非机动车驾驶人、

行人没有过错的，由机动车一方承担赔偿责任；有证据证明非机动车驾驶人、行人有过错的，根据过错程度适当减轻机动车一方的赔偿责任；若机动车一方没有过错的，承担不超过10%的赔偿责任。

3）交通事故的损失是由非机动车驾驶人、行人故意碰撞机动车造成的，机动车一方不承担赔偿责任。

（2）在保留所有权的分期付款买卖的情况下，责任人应为买方。

（3）因租赁、借用等情形使机动车所有人与使用人不是同一人时。

1）由保险公司在机动车强制保险责任限额范围内予以赔偿。

2）不足部分，由机动车使用人承担赔偿责任。

3）机动车所有人对损害的发生有过错的，承担相应的赔偿责任。

（4）实际所有人与名义所有人不同时，责任主体为实际支配人。

1）当事人之间已经以买卖等方式转让并交付机动车但未办理所有权转移登记的。由保险公司在机动车强制保险责任限额范围内予以赔偿。不足部分，由受让人承担赔偿责任。

2）以买卖等方式转让拼装或者已达到报废标准的机动车，发生交通事故造成损害的，由转让人和受让人承担连带责任。

（5）盗窃、抢劫或者抢夺的机动车发生交通事故造成损害的。

1）由盗窃人、抢劫人或者抢夺人承担赔偿责任。

2）保险公司在机动车强制保险责任限额范围内垫付抢救费用的，有权向交通事故责任人追偿。

（6）机动车驾驶人发生交通事故后逃逸的。

1）该机动车参加强制保险的，由保险公司在机动车强制保险责任限额范围内予以赔偿。

2）机动车不明或者该机动车未参加强制保险的，由道路交通事故社会救助基金垫付。道路交通事故社会救助基金垫付后，其管理机构有权向交通事故责任人追偿。

注意

机动车交通事故侵权中，简单记忆为“谁支配机动车，谁承担责任”，“谁是违法者，谁承担责任”。

二、机动车交通事故责任的抗辩事由

（一）受害人故意

行人、非机动车故意碰撞机动车的，免除机动车一方的责任。

（二）受害人过失

在受害人对损害发生有过失的情况下，可以减轻机动车一方的责任。

（三）不可抗力

根据侵权法的一般免责规定，不可抗力同样可以作为交通事故责任的抗辩事由。

现在是不是很清楚本节“案例索引”的答案了呢？机动车交通事故责任的抗辩事由包括三种：受害人故意、受害人过失以及不可抗力，而案例中甲的抗辩不属于上述三种情况，因此抗辩不成立。你是否回答对了呢？

相关法条

《民法典》侵权责任编第 1209 条 因租赁、借用等情形机动车所有人、管理人与使用人不是同一人时，发生交通事故造成损害，属于该机动车一方责任的，由机动车使用人承担赔偿责任；机动车所有人、管理人对损害的发生有过错的，承担相应的赔偿责任。

第 1210 条 当事人之间已经以买卖或者其他方式转让并交付机动车但是未办理登记，发生交通事故造成损害，属于该机动车一方责任的，由受让人承担赔偿责任。

第 1214 条 以买卖或者其他方式转让拼装或者已经达到报废标准的机动车，发生交通事故造成损害的，由转让人和受让人承担连带责任。

第 1215 条 盗窃、抢劫或者抢夺的机动车发生交通事故造成损害的，由盗窃人、抢劫人或者抢夺人承担赔偿责任。盗窃人、抢劫人或者抢夺人与机动车使用人不是同一人，发生交通事故造成损害，属于该机动车一方责任的，由盗窃人、抢劫人或者抢夺人与机动车使用人承担连带责任。

保险人在机动车强制保险责任限额范围内垫付抢救费用的，有权向交通事故责任人追偿。

第 1216 条 机动车驾驶人发生交通事故后逃逸，该机动车参加强制保险的，由保险人在机动车强制保险责任限额范围内予以赔偿；机动车不明、该机动车未参加强制保险或者抢救费用超过机动车强制保险责任限额，需要支付被侵权人人身伤亡的抢救、丧葬等费用的，由道路交通事故社会救助基金垫付。道路交通事故社会救助基金垫付后，其管理机构有权向交通事故责任人追偿。

本部分小结

本部分主要讲授的是机动车交通事故责任的主体及责任抗辩事由，在学习时，需要结合之前学习的机动车交通事故责任的归责原则和构成要件进行理解和掌握。因为，不管是主体的确定还是责任抗辩事由的确定都是在归责原则基础上所作的制度安排。课后，大家要进行复习和巩固，结合现实中发生的案例进行分析，并思考以下问题：

1. 机动车交通事故责任中，先由保险公司赔偿后，不足的赔偿部分应当如何处理？

2. 机动车交通事故责任中所有人与使用人不一致的时候，责任应当如何分配和承担？

3. 机动车与机动车、非机动车、行人之间的责任如何划分？

第五章

医疗损害责任、环境污染和破坏生态责任、高度危险责任

第一节 医疗损害责任

导 语

近年来，基于医患关系产生的医疗损害责任纠纷案件一直是社会各界关注的热点之一。本部分我们主要讲授医疗损害责任概念、医疗损害的具体类型和责任减免规则，在学习我国《民法典》侵权责任编关于医疗损害责任的具体规定之前，让我们先分析一下具体案例，看看自己对医疗损害责任的了解程度吧！

案例索引

王某因感到身体不适，前往乙医院就诊。诊断完毕，医生未告知王某病情（王某患严重的白血病）。王某看不懂病历，以为自己患的是感冒，宽心回去。一个月后，王某因白血病发作昏迷后送往另一家医院，因延误治疗达一个月之久，王某遂告不治。

问题：是医院承担责任还是医务人员对该患者承担责任呢？

知识详解

一、医疗损害责任概述

（一）医疗损害责任的概念

医疗损害责任，指医疗机构及其医务人员在诊疗活动中因为过错导致患者人身损害应当承担的侵权责任。根据《民法典》侵权责任编第 1218 条的规定，患者在诊疗活动中受到损害，医疗机构或者其医务人员有过错的，由医疗机构承担赔偿责任。

（二）医疗损害责任的构成要件

医疗损害责任应具备四个构成要件：

第一，医疗机构及其医务人员在医疗活动中存在违法行为。医疗机构及其医务人员没有尽到必要的注意义务，违反了不得侵犯患者生命权、健康权和身体权的法定义务。

第二，存在患者遭受人身损害的事实。包括患者的生命权、健康权或者身体权等遭受侵害；患者因此造成的财产利益损失；以及患者或其近亲属遭受的精神损害。

第三，医疗机构及其医务人员的违法医疗行为与患者遭受人身损害的事实之间存在因果关系。譬如因药品、消毒产品、医疗器械的缺陷，或者输入不合格的血液造成患者损害的，患者可以向药品上市许可持有人、生产者、血液提供机构请求赔偿，也可以向医疗机构请求赔偿。患者向医疗机构请求赔偿的，医疗机构赔偿后，有权向负有责任的药品上市许可持有人、生产者、血液提供机构追偿。

第四，医疗机构及其医务人员存在过错。医务人员在诊疗活动中未尽到与当时的医疗水平相应的诊疗义务，造成患者损害的，医疗机构应当承担赔偿责任。因此，判断医疗机构及其医务人员是否存在过错，应该以行为人是否尽到与诊疗行为发生时的医疗水平相应的注意义务为标准。

二、医疗损害的具体类型

《民法典》侵权责任编第 1219 条、第 1221 条和第 1223 条规定了三种医疗损害责任类型，即医疗伦理损害责任、医疗技术损害责任和医疗产品损害责任。

（一）医疗伦理损害责任

医疗伦理损害责任，是指医疗机构和医务人员违背医疗良知和医疗伦理的要求，违背医疗机构和医务人员的告知或者保密等义务，具有医疗伦理过失，造成患者人身以及其他合法权益损害的医疗损害责任。

1. 违反一般告知义务的侵权责任

（1）在诊断、治疗活动中，医疗机构负有一般告知义务，应告知患者的病情和应采取的医疗措施。

（2）医疗机构因过错违反一般告知义务，给患者造成损害的，应承担不作为侵权的责任。

（3）归责原则：过错责任原则。

2. 违反特殊告知义务的侵权责任

（1）在诊断、治疗过程中，若需要给患者进行特殊检查（如穿刺）、特殊治疗和做手术，医务人员负有特殊告知义务。应告知医疗行为的风险（如不良反应、并发症等）、替代方案、各自的优缺点，让患者或者其近亲属知情并自主确定，并取得患者或者近亲属的书面同意。

（2）医务人员未尽特殊告知义务，或未经患者书面同意即实施手术或者特殊检查、特殊治疗因此给患者造成损害的，构成侵权。

（3）归责原则：过错责任原则。

学完这个知识点，大家能否回答本节“案例索引”中谁应当是最终的责任承担者呢？此案例中，乙医院违反一般告知义务，具有过错，并因此给王某造成损害，构成侵权。进行诊断、治疗的医务人员负有法定的告知义务，违反该义务致人损害的，构成不作为侵权。

3. 医疗机构的紧急处置权

因抢救生命垂危的患者等紧急情况，不能取得患者或者其近亲属意见的，经医疗机构负责人或者授权的负责人批准，可以进行手术、特殊检查或者特殊治疗。

相关法条

《民法典》侵权责任编第 1219 条 医务人员在诊疗活动中应当向患者说明病情和医疗措施。需要实施手术、特殊检查、特殊治疗的，医务人员应当及时向患者具体说明医疗风险、替代医疗方案等情况，并取得其明确同意；不能或者不宜向患者说明的，应当向患者的近亲属说明，并取得其明确同意。

医务人员未尽到前款义务，造成患者损害的，医疗机构应当承担赔偿责任。

第 1220 条 因抢救生命垂危的患者等紧急情况，不能取得患者或者其近亲属意见的，经医疗机构负责人或者授权的负责人批准，可以立即实施相应的医疗措施。

（二）医疗技术损害责任

医疗技术损害责任，是指医疗机构及医务人员在医疗活动中，违反医疗技术上的高度注意义务，具有违背当时医疗水平的技术过失，造成患者人身损害和医疗责任，包括诊断过失损害责任、治疗过失损害责任、护理过失损害责任、感染传染损害责任、孕检生产损害责任等。具体应注意以下内容：

1. 归责原则：过错责任原则

（1）原则上，受害人须举证证明医务人员具有过错。医疗技术损害责任以具备医疗过失为构成前提。没有医疗过失，就不存在医疗技术损害责任。因此，如果医疗机构以及医务人员认为自己不存在医疗过失，就不构成医疗技术损害责任。

（2）医疗技术损害责任的过失是医疗技术过失。判断医务人员过失的标准：医务人员在诊疗活动中未尽到与当时的医疗水平相应的诊疗义务，则为具有过失。具体而言，过错的判断采用混合标准，对于法定诊疗义务和基本性操作的诊疗义务，采用全国标准，不因地区、资质而有差异；其他的诊疗义务的标准，采用本地标准，可以考虑地区差异（北京市与西安市的差异）、资质差异（医师与主任的差异），落后地区的医务人员注意义务可以稍低（《民法典》侵权责任编第 1224 条）。

（3）三种例外。下列三种情形采用过错推定，推定医疗机构具有过错：1）违反法律、行政法规、规章以及其他有关诊疗规范的规定；2）隐匿或者拒绝提供与纠纷有关的病历资料；3）遗失、伪造、篡改或者违法销毁病历资料。

2. 责任主体：医疗机构承担无过错替代责任

医疗技术损害责任相当特殊，须义务人员具有过错。无过错则无医疗损害责任。

医务人员因执行工作任务致人损害的，医务人员不承担责任，由医疗机构承担无过错替代责任。医务人员具有故意或者重大过失的，不对外承担连带责任。

3. 免责事由

具有下列情形之一的，医疗机构免责：

（1）患者或者其近亲属不配合医疗机构进行符合诊疗规范的诊疗。但有例外：若患者不遵医嘱是因为医疗机构未经告知义务，不能免责。

（2）医务人员在抢救生命垂危的患者等紧急情况下已经尽到合理诊疗义务。

（3）限于当时的医疗水平难以诊疗的。

（三）医疗产品损害责任

医疗产品损害责任是指医疗机构在医疗过程中使用有缺陷的药品、消毒药剂、医疗器械以及血液制品等医疗产品，因此造成患者人身损害，医疗机构或者医疗产品生产者、销售者应当承担的医疗损害赔偿责任。

1. 归责原则

无过错责任原则。确定医疗产品侵权责任是无过错责任，目的是确定这种侵权责任不考察过错。只要受害人能够证明医疗产品具有缺陷，即构成侵权责任。受害人不必证明医疗产品生产者的过错，因而减轻了权利人的诉讼负担，有利于保护受害人的权利。

2. 性质

医疗产品损害责任既是医疗损害责任，也是产品责任，是兼有两种性质的侵权行为类型，是医疗损害责任中的一个基本类型。由于医疗产品损害责任具有产品责任性质，应当适用无过错责任原则，以更好地保护患者的合法权益。

3. 责任主体

医疗产品的提供者与医疗机构承担不真正连带责任。对外与连带责任无差别。对内只有一个责任最终责任承担者。

4. 构成要件

（1）医疗产品须为有缺陷产品。缺陷包括设计缺陷、制造缺陷、警示说明不充分的缺陷和跟踪观察缺陷。

（2）须有患者人身损害事实。医疗产品被应用于患者，由于医疗产品存在缺陷，造成了患者的人身损害。医疗产品损害责任中的人身损害事实，包括致人死亡和致人伤残。

（3）须有因果关系。医疗产品损害责任中的因果关系，是指医疗产品的缺陷与受害人的损害事实之间存在的引起与被引起的关系；医疗产品缺陷是原因，损害事实是结果。确认医疗产品责任的因果关系，要由受害人证明；证明的内容是，损害是由于使用或消费有缺陷的医疗产品所致。

（4）医疗机构和销售者承担最终责任，应当具有过失。

医疗机构和销售者承担中间责任时，为无过错责任，无须过失事件。医疗机构和销售者承担最终责任时，有两种形式：1）有明确的生产者和供货者的，构成侵权须具备过失要件；2）销售者不能指明缺陷产品的生产者也不能指明缺陷产品的供货者的，即使没有过失，销售者也应当承担最终责任。

学完医疗产品损害责任的具体规定，是否掌握了呢？快通过“练一练”检测一下吧！

练一练 13

王某因患心脏病在乙医院安装了心脏起搏器，该心脏起搏器为美国A公司生产，中国B公司进口。半年后，因心脏起搏器电路短路，不起作用。王某只得重新做手术并安装。

问题：王某可以向谁主张侵权责任？

相关法条

《民法典》侵权责任编第1223条 因药品、消毒产品、医疗器械的缺陷，或者输入不合格的血液造成患者损害的，患者可以向药品上市许可持有人、生产者、血液提供机构请求赔偿，也可以向医疗机构请求赔偿。患者向医疗机构请求赔偿的，医疗机构赔偿后，有权向负有责任的药品上市许可持有人、生产者、血液提供机构追偿。

三、医疗损害责任的减免规则

（一）特别规定的医疗机构免责事由

《民法典》侵权责任编第1224条规定了医疗机构免除责任的法定事由：“患者在诊疗活动中受到损害，有下列情形之一的，医疗机构不承担赔偿责任：（一）患者或者其近亲属不配合医疗机构进行符合诊疗规范的诊疗；（二）医务人员在抢救生命垂危的患者等紧急情况下已经尽到合理诊疗义务；（三）限于当时的医疗水平难以诊疗。前款第一项情形中，医疗机构或者其医务人员也有过错的，应当承担相应的赔偿责任。”

（二）按照原则性规定应当免责的事由

《民法典》侵权责任编第六章没有特别规定，但医疗机构在诊疗活动中出现了按照法律的一般规定应当免除责任的情形，当然也应当免除医疗机构的责任。主要是：

1. 不可抗力造成不良后果

医疗机构在正常的医疗活动中造成患者的损害，其直接原因是不可抗力，不是医疗过失所致，因而应当免责。

2. 医疗意外

医疗意外是指医务人员无法预料的原因造成的医疗损害后果，或者根据实施情况无法避免的医疗损害后果。通常是在医疗活动中，由于患者病情异常或者患者体质特殊而发生医疗意外。既然构成医疗过失，就能够证明医疗机构没有过失，因此医疗机构当然不承担侵权责任。

本部分小结

医患关系是近年来的社会热点问题，由于医疗行为的专业性，患者很难改变信息不对称的问题。一旦受到医疗损害，患者的维权难度很大。《民法典》侵权责任编专门规定了“医疗损害责任”，目的就在于回应现实中发生的医疗损害责任如何承担的问题。本部分主要讲了医疗损害责任的基本概念、具体类型、减免规则，其中对于医疗损害的具体类型要认真掌握。课后，同学们可以查阅有关资料进一步就有关问题进行深入学习，思考如下问题：

1. 医疗损害责任的构成要件有哪些？

2. 医疗损害责任的归责原则是什么？

第二节　环境污染和破坏生态责任

导 语

在最近几年里，世界很多国家都遭遇严重的环境污染。如何维护好子孙生活的一片净土，成为现代人思考的重要问题。《民法典》侵权责任编的出台明确了我国的环境污染责任制度，本部分主要学习我国目前环境污染责任制度的构成要件、免责事由。

案例索引

张三在河边有一块田地，后张三繁育的秧苗出现大批死亡现象。经过专家认定排除了病虫害的可能性，张三认为是河畔旁的造纸厂排出的污水造成了秧苗的死亡。因此，以造纸厂为被告，诉至法院，要求其承担损害赔偿责任。但是，张三只能证明造纸厂每日排出污水，不能证明秧苗死亡是污水所致。

问题：张三的请求能否得到法院的支持？

知识详解

一、环境污染致人损害责任概述

《民法典》侵权责任编规定的“环境”具有更为宽泛的含义，不仅包括一般的生活环境，还包括生态环境。环境污染责任，是指污染者违反法律规定的义务，以作为或者不作为的方式，污染生活、生态环境造成损害，依法不问过错，应当承担损害赔偿等法律责任的特殊侵权责任。环境污染责任的特点如图 5－1 所示。

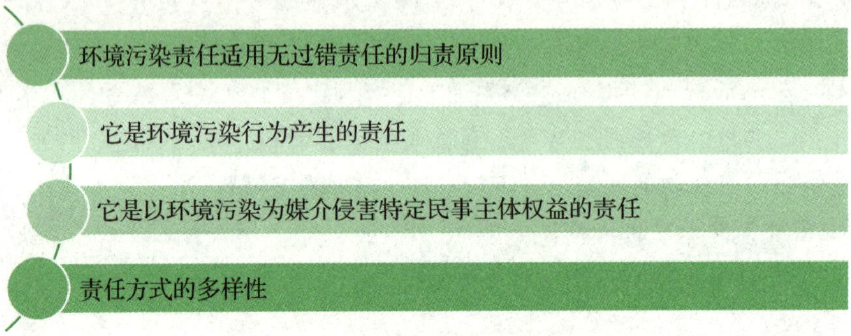

图 5－1 环境污染责任的特点

二、环境污染致人损害责任的归责原则

依据《民法典》侵权责任编第 1230 条的规定，因污染环境、破坏生态发生纠纷，行为人应当就法律规定的不承担责任或者减轻责任的情形及其行为与损害之间不存在因果关系承担举证责任。因此，可知：

(1) 污染者承担无过错侵权责任（归责原则：无过错责任原则）。环境污染责任是特殊侵权责任，适用无过错责任原则。按照《民法典》侵权责任编的规定，构成环境污染责任，在污染者的主观方面并不问过错；无论污染者在主观上有无过错，只要实施污染造成损害，都应当承担赔偿责任。

(2) 归责原则：采用因果关系推定，推定污染行为与损害间具有因果关系。污染者可通过举证证明污染行为与损害不具有因果关系而免责。

(3) 因第三人的过错污染环境的，污染者与第三人承担不真正连带责任，第三人承担最终责任（《民法典》侵权责任编第 1233 条）。故第三人过错的，根据被侵权人的选择，污染者也可能要承担侵权责任，而不是绝对地由第三人承担侵权责任。

注意

即使污染者所排放的废物完全符合法定的排放标准，也要承担责任。

环境污染的举证责任是什么？请大家再认真复述一遍，然后一起完成下面的“练一练”吧！

练一练 14

甲工厂的生产污水流入李某承包的鱼塘，致使鱼虾死亡，损失 2 万元。李某起诉，请求甲工厂赔偿。假设你是甲工厂聘请的代理律师。

问题：甲工厂应对哪些事项承担举证责任？

三、环境污染致人损害责任的构成要件

（一）污染者实施了污染环境的行为

环境，是指影响人类生存和发展的各种天然的和经过人工改造的自然因素的总体，包括大气、水、海洋、土地、矿藏、森林、草原、野生生物、自然遗迹、人文遗迹、自然保护区、风景名胜区、城市和乡村等。环境污染，是指由于人为的原因致使环境发生化学、物理、生物等特征上的不良变化，从而影响人类健康和生产活动，影响生物生存和发展的现象。

环境污染行为可以由作为和不作为构成。多数表现为排放有害物质和有害废弃物，散发有害气体、粉尘，传播噪声，颤动，散漏化学毒品或放射性物质等。在这些表现形式中，排放、传播都表现为作为的方式，而散发、散漏既可以表现为作为的方式，如过失造成密封器的损坏；也可以表现为不作为的方式，如密封器的自然损坏。无论是作为或不作为，都可以构成环境污染的行为。

（二）受害人遭受了损害

环境污染的损害事实，是指污染危害环境的行为致使国家的、集体的财产和自然人的财产、人身及环境受到损害的事实。没有这种损害事实，不构成这种侵权行为。环境污染的损害以人身损害事实为最常见。污染水源、空气等，都可以造成大范围的人身伤害。环境污染造成财产损害，主要是财产本身的毁损，使其丧失价值和使用价值。它也包括直接损失和间接损失。环境享受损害也是环境污染责任的损害事实，是指对自然人享受良好环境质量权益的损害；它与财产损害和人身损害有关，但并不等同（如图 5－2 所示）。

污染损害的特殊性

1.污染损害具有复杂性：表现为损害原因的复杂
2. 污染损害具有隐蔽性：受害人由此导致的疾病不能被及时发现
3. 污染损害具有持续性：不会因为停止排放污染即刻消失
4. 污染损害的影响具有广泛性：地域、受害对象、受害利益广泛

图 5－2　污染损害的特殊性

（三）污染者的行为与受害人损害之间存在因果关系

环境污染侵权中，污染者应就其行为与损害之间不存在因果关系承担举证责任，又由于环境污染侵权实行无过错责任原则，因此受害人需要举证的实质就是有污染行为和损害后果就可以了。

环境污染侵权作为一种特殊侵权，在构成要件的因果关系方面也有特殊性，实行推定因果关系规则，即在环境污染责任中，只要证明企业已经排放了可能危及人身健康或造成财产损害的物质，而公众的人身或财产已在排污后受到或正在受到损害，就可以推定这种危害是由该排污行为所致。

本节“案例索引”中，张三已经证明了造纸厂存在污染行为和有损害结果，由于环境污染侵权实行推定因果关系规则，可以推定张三的秧苗死亡是由于造纸厂排污所致。所以张三的请求可以得到法院的支持。

四、数人实施环境污染的责任

（一）数人环境污染责任的概念和特征

数人环境污染责任，指两个以上污染者污染环境，环境污染者依照污染物的种类、排放量等因素确定责任大小来承担民事责任。《民法典》侵权责任编第 1231 条规定：“两个以上侵权人污染环境、破坏生态的，承担责任的大小，根据污染物的种类、浓度、排放量，破坏生态的方式、范围、程度，以及行为对损害后果所起的作用等因素确定。”这在理论上被称为“比例负担”原则。

数人环境污染责任具有以下特点：

（1）存在多个污染者。

（2）多个污染者的污染行为是造成受害人损害的原因。

（3）行为人之间一般无意思联络。

（二）数人环境污染责任的适用

两个以上的人共同排污导致环境污染侵权的：

（1）若具有共同故意或者共同过失，构成共同侵权，应承担连带责任（《民法典》侵权责任编第 1171 条）。

（2）若无共同故意或者共同过失，一律按照排放物的种类与排放量承担按份责任（《民法典》侵权责任编第 1231 条）。

五、环境污染致人损害责任的减免责事由及诉讼时效

环境污染侵权的免责事由，是指环境法所规定的在因环境污染侵权致人损害时，加害人可以不承担民事责任的事由。

（一）抗辩事由

环境污染责任的减免责事由包括不可抗力、受害人过错、第三人行为等。

1. 不可抗力

不可抗力是指不能预见、不能避免并不能克服的客观情况。完全由于不可抗拒的自然灾害，并经及时采取合理措施，仍然不能避免造成环境污染损害的，可免予承担责任。但不可抗力情况下造成的环境污染，污染者并不必然免责。

2. 受害人过错

如果损害是由于被侵权人自身的责任所引起的，排污者不承担责任。被侵权人对损害的发生具有故意或重大过失，足以表明被侵权人的行为是损害发生的直接原因，即该损害与排污者无因果关系，则免除排污者的责任，但被告应对被侵权人的过错举证。

3. 第三人行为

《民法典》侵权责任编第 1233 条规定："因第三人的过错污染环境、破坏生态的，被侵权人可以向侵权人请求赔偿，也可以向第三人请求赔偿。侵权人赔偿后，有权向第三人追偿。"可知，因第三人的过错污染环境的，污染者与第三人承担不真正连带责任，第三人承担最终责任。

4. 其他免责条件

我国《海洋环境保护法》第 91 条规定，战争行为是海洋污染造成损害的免责条件。负责灯塔或者其他助航设备的主管部门在执行职责时的疏忽或者其他过失行为造成污染损害的，为免责条件。

（二）诉讼时效

《环境保护法》第 66 条规定，因环境污染损害赔偿提起诉讼的时效期间为 3 年，从当事人知道或者应当知道受到污染损害时计算。

相关法条

《民法典》侵权责任编第 1229 条　因污染环境、破坏生态造成他人损害的，侵权人应当承担侵权责任。

第 1230 条　因污染环境、破坏生态发生纠纷，行为人应当就法律规定的不承担责任或者减轻责任的情形及其行为与损害之间不存在因果关系承担举证责任。

第 1231 条　两个以上侵权人污染环境、破坏生态的，承担责任的大小，根据污染物的种类、浓度、排放量，破坏生态的方式、范围、程度，以及行为对损害后果所起的作用等因素确定。

第 1233 条　因第三人的过错污染环境、破坏生态的，被侵权人可以向侵权人请求赔偿，也可以向第三人请求赔偿。侵权人赔偿后，有权向第三人追偿。

本部分小结

环境污染问题与每个人息息相关，当在“雾霾”中寻找太阳的身影时，就会知道环境污染与我们是多么“密切相关”。我国目前面临的环境污染形势严峻，因环境污染而引发的侵权纠纷也日益增多。环境污染由于其结果的隐蔽性、影响范围的广泛性等特点，使环境污染致人损害责任在归责原则、构成要件等方面具有特殊性。本部分主要讲了环境污染致人损害的概述、归责原则、构成要件、减免责事由等内容，在理解本部分的知识点时，着重思考以下问题：

1. 环境污染侵权责任为什么要规定无过错责任？
2. 环境污染侵权责任免责事由有哪些？

第三节　高度危险责任

导 语

“高度危险责任”，大家对这个名词比较陌生吧？由于高度危险物的权属与占有状态在现实生活中比较复杂，高度危险责任的承担者要区分不同情形而定。

下面，让我们一起分析“案例索引”，并在接下来的学习中寻找正确答案吧！

案例索引

被告经公路养护道班同意后，约请胡某某等4人在距公路约10米的高斜坡上放炮炸石头。放炮后，胡某某等人立即清除了公路上的碎石。放炮后半小时，原告骑自行车路过该段公路，在被告放炮位置斜下约2米处，滚下一块约1吨重的大石头，将原告撞倒，导致原告右手6级残疾，自行车被压坏。法院认为，从公路上方滚下石头，被告很难预料，也出乎原告预料之外，故适用高度危险责任规定，由双方当事人分担原告的损失。本案被告从事爆破采石，完全符合危险活动需采取技术安全的特别方法才能使用的特征，震动的碎石坠落致原告受伤，构成高度危险责任，应当承担赔偿责任。

问题：法院的观点是否合理？

知识详解

一、高度危险责任概述

（一）高度危险责任的概念和特征

高度危险责任，指行为人实施危险活动或者管领危险物，造成他人的人身损害或者财产损害，应当承担损害赔偿责任的特殊侵权责任。

高度危险不同于一般危险，它是对周围环境产生的责任，而不是对自身安全产生的威胁，并且其一旦发生损害，后果会非常严重。

高度危险物，主要指易燃、易爆、剧毒、放射性高度危险物等。《民法典》侵权责任编第 1236 条规定了高度危险责任的一般条款："从事高度危险作业造成他人损害的，应当承担侵权责任。"高度危险责任的特征如图 5-3 所示。

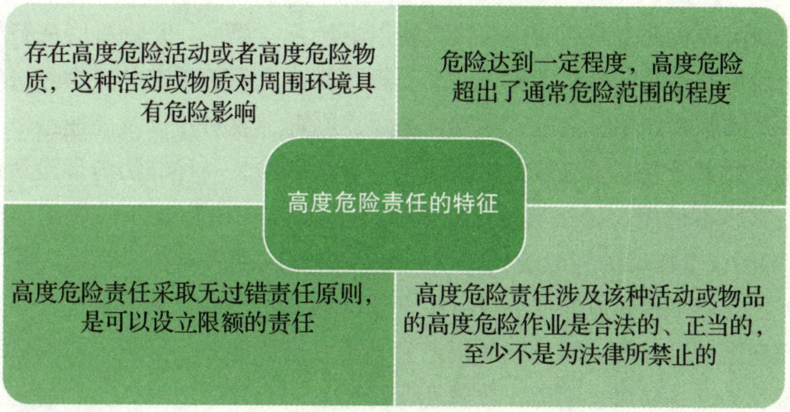

图 5-3　高度危险责任的特征

对于高度危险责任，《民法典》侵权责任编在第 8 章专门进行了规定。立法的模式是抽象的一般规定和具体列举性的规定相结合。《民法典》侵权责任编第 1236 条，以一般条款的形式规定，从事高度危险作业造成他人损害的应当承担侵权责任。

（二）高度危险责任的归责原则

高度危险责任，采取无过错责任原则的归责原则。《民法典》侵权责任编第 8 章规定的各种高度危险责任的类型均采取无过错责任原则的归责原则。《民法典》侵权责任编第 1236 条规定是无过错责任归责原则的体现。

因为高度危险责任，采取无过错责任原则的归责原则，"案例索引"中被告从事爆破采石，完全符合危险活动需采取技术安全的特别方法才能进行的特征，震动的碎石坠落致伤原告，构成高度危险责任，应当承担赔偿责任。此案应采用无过错责任原则的归责原则，适用公平分担损失原则处理该案，显然适用法律不当。

高度危险致人损害适用无过错责任的依据：

（1）开启危险者应当承受其风险。

（2）控制危险的能力。

（3）报偿理论。

（4）损害分散与保险机制。

（5）保护受害人。

二、高度危险致人损害责任的构成要件

高度危险责任适用无过错责任原则，应满足三个构成要件：

（一）行为人实施了高度危险作业行为

高度危险作业包括适用民用核设施、高速轨道运输工具和从事高压、高空、地下采掘等高度危险活动，也包括占有、使用易燃、易爆、剧毒和放射性等高度危险物的行为。

构成此类侵权的危险活动，还须具备以下特征：第一，是一种合法行为，至少是不为法律所禁止的行为。人类为了享受现代科技文明所带来的巨大经济利益，就必须允许从事某些高空、高压、易燃、易爆、剧毒、放射性以及高速运输工具的存在和发展，并赋予它们合法性。如果加害人所从事的是一种非法的危险活动，其所造成的损害，不适用《民法典》侵权责任编关于高度危险责任的规定，而应适用《民法典》侵权责任编的一般规定，不受最高赔偿数额的限制。行为人除了承担民事责任外，还应承担相应的刑事或行政责任。第二，加害人从事的这种活动对于周围环境的高度危险以及可能造成的损害具有不可避免性。一方面，需要利用某些高空、高压、易燃、易爆、剧毒、放射性及高速运输工具等造福人类；另一方面，限于科学技术和工业制造能力、材料强度等多方面的限制，这些活动的高度危险性在目前阶段尚不能完全避免。只有危险活动的高度危险以及可能造成的损害是不可避免的，即便加害人尽到高度注意也不能避免，才构成此类侵权行为所要求的危险活动。如果原告愿意并能够证明损害是由于被告的疏忽甚或故意加害所致，赔偿则不受最高赔偿额的限制。

（二）受害人遭受损害

行为人从事的高度危险行为导致受害人人身损害和财产损害。其中，人身损害包括致伤、致残、致死，财产损害包括直接损失和间接损失；其计算方法，与一般侵权行为损害后果的计算相同。在危险活动或危险物侵权责任中，有一种特殊的情况，就是当损害结果还没出现，仅仅出现致害的危险时，就可以承担民事责任。至于危险活动是否可以造成精神损害，应当认为在造成人身伤害时，可能会造成精神痛苦的损害。但这种损害是确定赔偿范围的依据，而不是确认责任是否构成的要件。

（三）行为人高度危险作业行为与受害人损失之间存在因果关系

这种因果关系，原则上应由受害人证明。如果在某些科技领域，受害人只能证

明危险活动或危险物和损害事实在表面上的因果关系，甚至仅能证明危险活动或危险物是损害后果的可能原因的，可以依据这些事实推定因果关系存在。如果危险活动人或危险物保有人不能证明危险活动或危险物与损害结果之间没有因果关系，则推定成立，确认其因果关系要件成立，构成侵权责任。

三、高度危险致人损害责任的特殊类型及减免责事由

（一）民用核设施致人损害的责任

《民法典》侵权责任编第 1237 条规定："民用核设施或者运入运出核设施的核材料发生核事故造成他人损害的，民用核设施的营运单位应当承担侵权责任；但是，能够证明损害是因战争、武装冲突、暴乱等情形或者受害人故意造成的，不承担责任。"该条文规定了民用核设施致人损害的责任。

（1）承担责任的主体：该设施的经营者，也就是所谓民用核设施的营运者。

这里的侵权责任，不仅仅是损害赔偿责任。发生核事故，可能对周围环境带来很大的危害，因此，民用核设施的经营者不仅在事后向受害人进行损害赔偿，而且在事发时就应当积极采取停止侵害、消除危险等措施并积极救助受害人。

（2）民用核设施事故侵权实行无过错责任原则，其免责事由仅限定于：

1）不可抗力中的战争因素。

2）受害人故意。受害人重大过失都不能构成免责事由。

（二）民用航空致人损害的责任

（1）侵权责任主体：民用航空器的经营者，主要是指损害发生时使用民用航空器的人。这里的经营者主要包括从事运输旅客、货物运输的承运人和从事通用航空的民用航空器使用人。

（2）民用航空器在使用中造成他人损害的情形，主要包括：

1）民用航空器在航空运输期间，对所载运的旅客、货物造成的损害。

2）民用航空器对地面第三人的人身、财产造成的损害。

（3）请求赔偿的主体根据航空器可能致害的种类划分，一般包括搭乘旅客和地面的第三人，但不包括民用航空器经营者的工作人员。

（4）归责原则：无过错责任原则，受害人的故意为民用航空器经营者唯一的免责事由。即使是因为自然原因引起的不可抗力事件，造成他人损害的，民用航空器的经营者也要承担责任。

（三）高度危险物品致人损害责任

（1）高度危险物品致人损害责任，指因易燃、易爆、剧毒、放射性等高度危险物品造成他人损害，相关主体应当承担的侵权责任。其特征为：

1）物品致人损害而不是行为致人损害。

2）保有者（即对高度危险物品的危险有控制力的人）具有责任。

3）适用无过错责任原则以及无过错责任原则项下的全部规则。

（2）高度危险物品致人损害责任的典型类型：

1）占有、使用的高度危险物致人损害的责任。

责任主体：由占有人或者使用人承担侵权责任。

抗辩事由：能够证明损害是因受害人故意或者不可抗力造成的，不承担责任；能够证明被侵权人对损害的发生有重大过失的，可以减轻占有人或使用人的责任。此种情况下，仅限于被侵权人有重大过失时方可减轻责任。

2）遗失、抛弃的高度危险物造成他人损害的责任：抛弃高度危险物是基于所有人或是管理人的本意而放弃对高度危险物的占有或控制。侵权责任主体为高度危险物的所有人；在由另外管理人进行管理的情形下，由管理人承担侵权责任。

（四）高度危险活动致害责任

（1）责任主体：由管理人承担侵权责任。

（2）管理人已经采取安全措施并尽到警示义务的，可以减轻或者不承担责任。

注意

上述几种侵权责任的抗辩事由均有特殊规定，且范围不同，可概括为“危险程度越高，抗辩事由越严”。

四、高度危险致人损害责任的限额赔偿

《民法典》侵权责任编第1244条规定：“承担高度危险责任，法律规定赔偿限额的，依照其规定，但是行为人有故意或者重大过失的除外。”此条是关于高度危险侵权责任赔偿限额的规定，要注意以下几点：

（1）最高限额赔偿仅在高度危险致人损害责任中适用。

（2）使用该项规定必须依据有关法律的规定，法律没有规定的，不作任何限制处理。

（3）行为人不存在故意或者重大过失。

相关法条

《民法典》侵权责任编第1237条 民用核设施或者运入运出核设施的核材料发生核事故造成他人损害的，民用核设施的营运单位应当承担侵权责任；但是，能够证明损害是因战争、武装冲突、暴乱等情形或者受害人故意造成的，不承担责任。

第1238条 民用航空器造成他人损害的，民用航空器的经营者应当承担侵权责任；但是，能够证明损害是因受害人故意造成的，不承担责任。

第 1239 条 占有或者使用易燃、易爆、剧毒、高放射性、强腐蚀性、高致病性等高度危险物造成他人损害的，占有人或者使用人应当承担侵权责任；但是，能够证明损害是因受害人故意或者不可抗力造成的，不承担责任。被侵权人对损害的发生有重大过失的，可以减轻占有人或者使用人的责任。

第 1240 条 从事高空、高压、地下挖掘活动或者使用高速轨道运输工具造成他人损害的，经营者应当承担侵权责任；但是，能够证明损害是因受害人故意或者不可抗力造成的，不承担责任。被侵权人对损害的发生有重大过失的，可以减轻经营者的责任。

第 1241 条 遗失、抛弃高度危险物造成他人损害的，由所有人承担侵权责任。所有人将高度危险物交由他人管理的，由管理人承担侵权责任；所有人有过错的，与管理人承担连带责任。

第 1242 条 非法占有高度危险物造成他人损害的，由非法占有人承担侵权责任。所有人、管理人不能证明对防止非法占有尽到高度注意义务的，与非法占有人承担连带责任。

第 1243 条 未经许可进入高度危险活动区域或者高度危险物存放区域受到损害，管理人能够证明已经采取足够安全措施并尽到充分警示义务的，可以减轻或者不承担责任。

本部分小结

高度危险责任是一种典型的无过错责任，并且其具体类型比一般的无过错责任对行为人的要求更为严格，这主要体现在对抗辩事由的限制。之所以如此进行制度设计，是出于多方面考虑，其中“利之所在，损之所归”是一个重要的因素。从事高度危险活动者，往往享受高度危险活动带来的利益，让其承担无过错责任是较为合理的。大家在学习本部分内容时，要注意根据这一点进行理解，重点掌握高度危险致人损害责任的特殊类型及减免责事由。在学习的过程中，注意思考以下几个问题：

1. 高度危险责任的免责事由是什么？
2. 哪些事项属于高度危险活动？请举出具体的例子。
3. 高度危险责任的特征有哪些？

第六章

饲养动物致人损害责任与物件损害责任

第一节　饲养动物致人损害责任的基本理论

导语

在现实中，饲养动物致人损害责任往往会出现较为复杂的情况，在这种情况下承担责任的主体是谁？本部分我们主要来学习饲养动物致人损害责任的概念、归责原则、构成要件和免责事由。请先阅读下面的小案例，分析谁应当对本案承担责任。

案例索引

某年5月8日，王志放学回家途中，恰遇李师师和赵信牵着各自的狗溜达，赵信的狗突然发狂挣脱缰绳，将王志咬伤。王志经治疗花费5 000元医药费。王志的父亲王金于同年6月10日找到赵、李二人要求赔偿，两家互相推诿。

问题：李师师是否应承担赔偿责任？为什么？

知识详解

一、饲养动物致人损害责任概述

（一）饲养动物致人损害责任的概念

饲养动物致人损害责任，是指动物饲养人或者管理人在饲养的动物造成他人损害时，根据致害动物的种类和性质适用无过错责任原则或者过错推定原则，应当承担赔偿责任的特殊侵权责任。

《民法典》侵权责任编第1245条规定了饲养动物致人损害责任的一般条款："饲养的动物造成他人损害的，动物饲养人或者管理人应当承担侵权责任；但是，能够证明损害是因被侵权人故意或者重大过失造成的，可以不承担或者减轻责任。"

（二）饲养动物致人损害责任的特征

饲养动物致人损害责任的特征如图6-1所示。

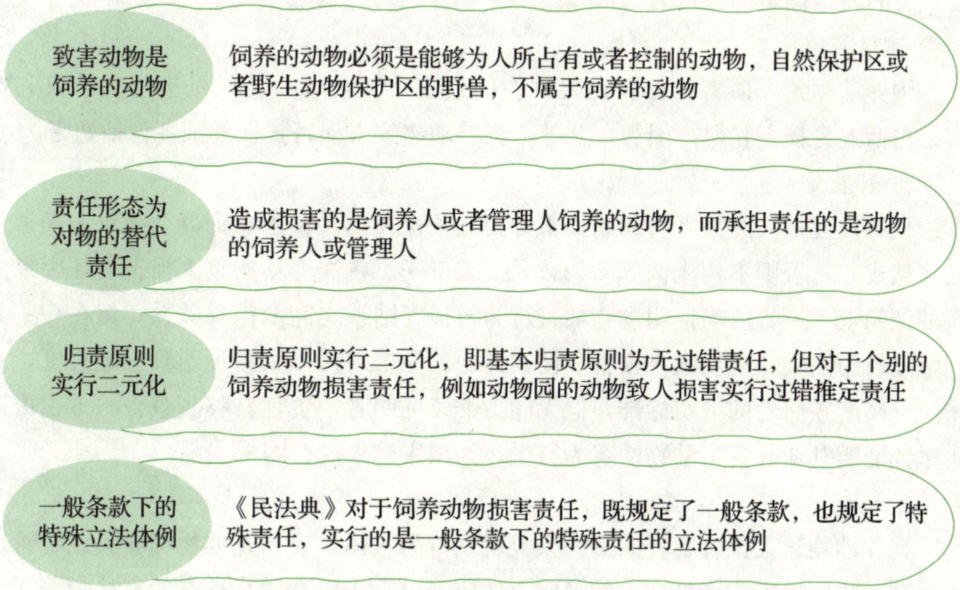

图 6-1 饲养动物致人损害责任的特征

（三）饲养动物致人损害责任的归责原则

《民法典》侵权责任编抛弃了原《民法通则》确立的一元化归责原则体系，根据具体的情形分别适用无过错责任与过错推定责任的二元归责原则体系（如图 6-2 所示）。

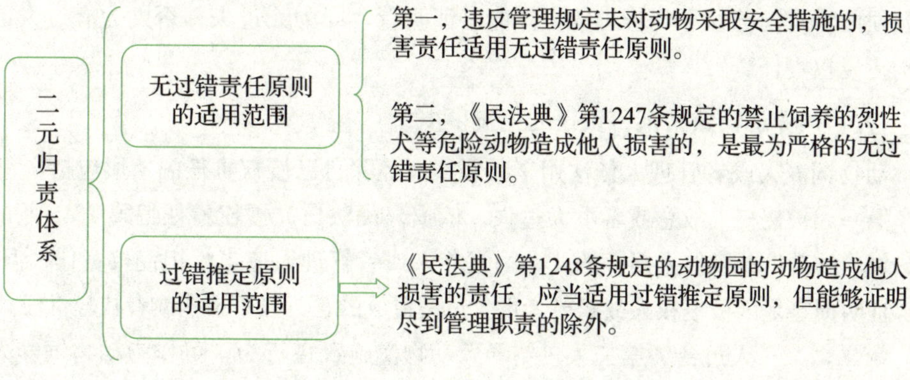

图 6-2 二元归责原则体系

（四）饲养动物致人损害责任的构成要件

1. 动物的加害行为

动物的加害行为应当具有违法性，或者违反法定义务，或者违反保护他人的法律，或者故意违背善良风俗加害于他人。动物的加害行为有两个要素：第一，动物应为一般社会观念上的动物。第二，动物的加害行为，应当是动物不在人的意志支配下独立加害于他人，其饲养人或者管理人的管束不周的行为。对此，可以从是否有外力的介入确定加害行为的形态。

2. 损害的存在

饲养动物致人损害责任构成要件中的损害事实要件，是对民事主体的权利损害，包括人身损害和财产损害。此外，饲养动物致人损害责任的损害包括妨害。

3. 因果关系

只有被侵权人的损害与动物加害行为之间存在因果关系，饲养动物致人损害责任才能成立，否则不构成饲养动物致人损害责任。在饲养动物致人损害责任因果关系的证明上，原告应当证明动物加害行为与损害结果之间的因果关系。但在一些共同危险行为的饲养动物致人损害责任案件中，原告对因果关系证明到一定程度，并未达到高度盖然性的证明标准，但无能力继续证明者，责任转移到被告一方，由被告举证证明其或其管束动物的行为与受害人损害结果没有因果关系。

4. 动物饲养人或管理人所饲养或者管理

饲养动物致人损害责任的责任人也就是行为主体，应当是动物饲养人或者管理人。在动物饲养人或者管理人的确定上，应当以直接保有关系存在的直接饲养人为责任主体，管理动物的人当然也是责任主体。

5. 推定过失

推定过失，就是饲养动物致人损害责任案件中，在被侵权人证明了上述四个要件之后，推定动物饲养人或者管理人具有过失，如果动物饲养人或者管理人不能证明自己没有过失，其过错推定成立，即应承担赔偿责任；如果能够证明自己没有过失，则不构成侵权责任。动物的饲养人或者管理人证明自己没有过失的内容，即动物园须证明自己已经尽到管理职责。能够证明者，即为无过失；否则为有过失，即应承担侵权责任。

（五）饲养动物致人损害责任的免责事由

动物饲养人或者管理人依法用于减轻或者免除自己侵权责任的情形包括：

第一，被侵权人故意或者重大过失。依据《民法典》侵权责任编第1245条的规定，饲养的动物造成他人损害的，动物饲养人或者管理人应当承担侵权责任；但是，能够证明损害是因被侵权人故意或者重大过失造成的，可以不承担或者减轻责任。

第二，第三人过错。第三人过错导致动物实施致害行为，可作为动物饲养人或者管理人减轻或者不承担责任的事由是从最终意义上讲，不是绝对的。因为在第三人过错场合，被侵权人享有选择请求第三人、动物饲养人或者管理人承担赔偿责任的权利。动物饲养人、管理人对被侵权人赔偿后，才有权向过错第三人追偿。

本节“案例索引”的案情大家是否还记得呢？该案中给王志造成损害的是赵佶的狗，应由其承担赔偿责任，李师师对此并无责任。

二、饲养动物致人损害责任的一般规则

《民法典》侵权责任编第1245条为一般条款，其与第1247条至第1249条之间

的关系属于一般与特殊的关系。一般条款中规定的责任主体是动物的饲养人或管理人，采用无过错责任原则，减免责事由是被侵权人故意或者重大过失。具体应掌握以下内容：

（1）饲养的动物造成他人损害的，动物饲养人承担无过错责任，在归责原则上属于无过错责任原则。根据《民法典》侵权责任编第1245条的规定，对于一般的饲养动物致人损害，并不要求有过错的要件存在即可构成侵权责任，因此是无过错责任。其中，《民法典》侵权责任编第1247条规定的禁止饲养的烈性犬等危险动物造成他人损害的，是较为典型的无过错责任。《民法典》侵权责任编第1249条规定的遗弃动物或者逃逸动物造成他人损害的责任，也属于无过错责任。

（2）根据《民法典》侵权责任编第1245条的规定，受害人对损害的发生具有故意或者重大过失的，可以减轻或者免除饲养人的责任。受害人仅有一般过错的，不能减轻责任。

（3）可以减轻饲养人责任的受害人过错，一般认为，仅限于受害人“挑逗动物”的过错。

本部分小结

虽然很多人认同“动物是人类的朋友”，并且越来越多的人开始饲养宠物。但是不可否认的是，动物出于本能而伤害他人的情况经常发生，法律让饲养者承担动物致人损害的责任。本部分内容，介绍了饲养动物致人损害责任的概念、特征、归责原则、构成要件和减免责事由等知识，大家需要认真学习掌握。课后，大家可以找一些饲养动物致人损害责任的具体案例，结合本部分内容进行研究，思考如下问题：

1. 饲养动物致人损害的归责原则有什么不同？
2. 饲养动物致人损害的免责事由有哪些？

第二节　饲养动物致人损害责任的特殊类型

导 语

随着现实生活中饲养宠物的人越来越多，宠物伤人的事件也越来越频繁，前面讲授了饲养动物致人损害的一般责任，那么这次我们来学习饲养动物致人损害责任的特殊类型，进一步加深对该问题的认识。下面让我们一起开始今天的学习吧！

案例索引

张某养了一只宠物犬。一日，张某带宠物犬去公园玩，被李某看到。李某便去逗宠物犬，不仅拿石头砸宠物犬，还用带闪光灯的相机给宠物犬拍照，宠物犬受到惊吓狂跑，撞到了路过的小孩子王某，王某受伤。王某的父母向张某提出索赔，张某认为是李某造成的意外。

问题：王某受伤的损失应当由谁来赔偿？

知识详解

一、未对饲养动物采取安全措施和禁止饲养的危险动物致害责任

《民法典》侵权责任编第 1246 条、第 1247 条是关于绝对无过错责任的规定。主要分为两种情况：

（1）违反管理规定，未对动物采取安全措施造成他人损害的，无免责事由，即使受害人对损害的发生具有故意或者重大过失，也不免除或者减轻饲养人责任。

（2）禁止饲养的烈性犬（藏獒、高加索牧羊犬等）这样的危险动物或者其他危险动物（老虎、狮子、鳄鱼、眼镜王蛇等）致人损害的，无免责事由，即使受害人对损害的发生具有故意或者重大过失，也不减轻或者免除饲养人的损害赔偿责任。

学习了未对饲养动物采取安全措施和禁止饲养的危险动物致害责任，你一定对这一种特殊类型有了深入的了解，下面赶紧通过“练一练”来检验一下自己的学习成果吧！

练一练 15

甲携带饲养的狗乘坐电梯，没有给狗戴嘴套，小孩乙用手掐小狗，被狗咬伤。

问题：分析本案中的责任承担。

相关法条

《民法典》侵权责任编第 1246 条 违反管理规定，未对动物采取安全措施造成他人损害的，动物饲养人或者管理人应当承担侵权责任；但是，能够证明损害是因被侵权人故意造成的，可以减轻责任。

第 1247 条 禁止饲养的烈性犬等危险动物造成他人损害的，动物饲养人或者管理人应当承担侵权责任。

二、动物园的动物致害

动物园的动物致害责任，指动物园的管理人未尽到管理职责，致使动物园的动物造成他人的人身或财产损害，动物园应当依法承担侵权责任。

依据《民法典》侵权责任编第1248条的规定，动物园饲养的动物致人损害的，采用过错推定的归责原则，推定动物园具有过错。若动物园能证明自己对损害的发生没有过错，可以免除动物园的责任。

相关法条

《民法典》侵权责任编第1248条 动物园的动物造成他人损害的，动物园应当承担侵权责任；但是，能够证明尽到管理职责的，不承担侵权责任。

三、遗弃或者逃逸动物致害责任

遗弃或者逃逸动物致害责任，指遗弃或者逃逸动物造成他人损害，动物饲养人或动物管理人依法应当承担的侵权责任。

《民法典》侵权责任编第1249条，主要调整“流浪狗”和“流浪猫”致人损害的责任承担：

（1）遗弃、逃逸的动物致人损害的，由原饲养人承担无过错责任。

（2）“遗弃、逃逸期间”的措辞表明，若遗弃、逃逸的动物被他人收养，则“遗弃、逃逸期间”结束，该动物致人损害的，由新的饲养人承担责任，原饲养人不承担责任。

（3）“遗弃、逃逸期间”表明，若将饲养的野生动物放还大自然，则不存在“遗弃、逃逸”的问题，后来该动物致人损害的，原饲养人也不承担责任。

相关法条

《民法典》侵权责任编第1249条 遗弃、逃逸的动物在遗弃、逃逸期间造成他人损害的，由动物原饲养人或者管理人承担侵权责任。

四、因第三人过错的动物致害责任

依据《民法典》侵权责任编第1250条的规定，因第三人的过错致使饲养的动物造成他人损害的，第三人与饲养人应承担不真正连带责任：

（1）对外承担连带责任。受害人可以请求第三人承担全部责任，也可以请求饲养人承担全部责任。

（2）对内由第三人承担全部的最终责任，饲养人不承担最终责任。

（3）饲养人对受害人承担责任后，有权向第三人全额追偿；第三人对受害人承担责任后，对饲养人无追偿权。

相关法条

《民法典》侵权责任编第1250条 因第三人的过错致使动物造成他人损害的，被侵权人可以向动物饲养人或者管理人请求赔偿，也可以向第三人请求赔偿。动物饲养人或者管理人赔偿后，有权向第三人追偿。

学习了上述基本内容以后，你一定可以回答“案例索引”的问题了，王某受伤的损失可以由张某承担全部责任，也可以由李某承担全部责任。由于是李某作为第三人的过错导致的损害结果，如果张某赔偿后，可以向李某全额追偿。你是不是答对了呢？

相信现在的你一定对动物致人损害的侵权责任有了全面的了解，下面让我们一起通过“练一练”来巩固一下吧！

练一练16

（多项选择题）关于饲养动物致人损害责任，下列哪些说法是正确的？（　　）

A. 适用过错推定责任原则

B. 适用无过错责任原则

C. 动物的饲养人或管理人应当就法定的免责事由承担举证责任

D. 若受害人对损害具有过失，动物的饲养人或管理人可减轻责任

本部分小结

本部分着重介绍了饲养动物致人损害责任的特殊类型，需要结合之前学习的饲养动物致人损害责任的归责原则和构成要件进行理解和掌握。对于每一种责任类型，要重点关注其构成要件和责任主体。课后，大家可以收集近年来所发生的“流浪猫”“流浪狗”致人损害责任的案例，结合本部分内容进行分析研究，并思考以下问题：

1. 饲养动物致人损害责任的特殊类型有哪些？

2. 饲养动物致人损害归责原则有哪些？

第三节 物件损害责任的基本理论

导 语

面对生活中各种各样物件造成损害的情形，你是否知道物件致人损害应当采取何种归责原则？造成的损害责任应当如何承担？本部分我们会一一向大家讲授物件损害责任的相关问题，相信学习这部分的内容后，你一定会有一个明确的答案。现在让我们开始本部分的学习吧！

案例索引

一日甲在路上正常行走，路过一排商铺时，被 A 商家橱窗外过道上的螺栓（为原在地面安装空调遗留，高出地面几厘米）绊倒，甲身体向前跌倒。恰巧前方 B 商家橱窗外的空调护罩破损，有一钢筋向外伸展，甲摔倒在钢筋上，导致脸部鲜血直流，被路人送至医院进行紧急治疗。后，甲要求 A、B 商铺店主赔偿，遭到拒绝，甲将 A、B 商铺店主诉至法院。

问题：应当由谁承担责任？

知识详解

一、物件损害责任概述

物件损害责任是自己管领下的物件造成他人损害，应当由物件的所有人或者管理人承担侵权责任的特殊侵权责任，也称为对物的替代责任。物件损害责任不是指责任人使用物件或者以自己的意志支配物件损害他人，而是指物件本身对受害人的权利的侵害，责任人只是对物件的管理、管束等具有过失，因而承担赔偿责任的侵权行为类型。

物件损害责任的特征：

（1）物件损害责任是一种特殊侵权责任。物件损害责任属于对自己管领下的物件造成他人损害承担赔偿责任的特殊侵权责任。

（2）物件损害责任是为物的损害负责的行为。物件损害责任行为是责任人对其占有的物致人损害负替代责任的行为，造成损害的是物件，而承担责任的是物件所有人或者管理人。

(3) 物件损害责任是过错推定责任。物件损害责任在责任性质上属于过错推定责任，如此设计，是为了更好地保护被侵权人的合法权益，同时也不使物件所有人或者管理人承担过重的责任。

二、物件损害责任的归责原则

根据《民法典》侵权责任编第 10 章的规定，物件致人损害的责任从总体上说是过错推定责任。在该章规定的侵权类型中，有两种情形是承担的无过错责任，即《民法典》侵权责任编第 1252 条和第 1256 条的规定。

(一) 建筑物等设施倒塌的损害责任

1. 建设单位与施工单位的连带责任

鉴于实践中，建筑物出现质量问题导致他人人身、财产损害的事件非常严重，立法者对于建设单位和施工单位施以严格的连带责任，以防止一旦损害发生之后建设单位与施工单位之间相互推诿。至于建设单位或者施工单位任何一方承担了全部责任之后，在它们之间的责任应当如何分配则是另一对法律关系的问题。这种无过错责任，在具体条文规定中没有规定免责事由，但非常明显的是，如果是由于不可抗力导致建筑物倒塌造成他人损害的，则可以免除责任。

2. 建设单位与施工单位的追偿权

对于建筑物的倒塌除了建设单位和施工单位之外，还有其他责任人的，建设单位和施工单位要首先对责任进行承担，然后对其他责任人可以进行追偿。比较典型的例子是，如果建筑物倒塌的部分原因在于建筑材料的供应商提供的建材不合格，此时，建设单位可以就其应当承担的部分向建材提供者进行追偿。

3. 独立第三人责任

如果建筑物的倒塌全部都由第三人的原因导致，和建设单位与施工单位都没有关系，此时，责任完全由第三人承担。因为，这时的第三人对建筑物的倒塌负有全部的、独立的责任。

(二) 妨碍通行物损害责任

根据《民法典》侵权责任编第 1256 条的规定，公共道路的使用关系到公众的利益，在公共道路上堆放、倾倒、遗撒妨碍通行物会对他人的安全造成危险。从主观上来说，包括故意和过失两种情况。故意的情况，比如故意将垃圾堆放在路面上；过失的情形，在运输货物的过程中，没有将货物束紧，而遗落在路面上，此时，如果实施这些行为的人不明或者逃逸，或者没有能力承担赔偿责任，则由道路交通管理人承担责任。

三、物件损害责任的构成要件

物件损害责任应当具备四项构成要件。

（一）存在物件损害行为

法律规定倒塌、脱落、坠落、抛掷等主要方式，此外如索道崩断、表面剥落等也为损害方式。

（二）存在被侵权人遭受损害的事实

被侵权人遭受损害的事实包括人身损害和财产损害。

（三）物件损害行为与损害事实之间存在因果关系

物件损害行为与损害事实之间的因果关系是这二者之间的引起与被引起关系，物件倒塌、脱落、坠落等，直接造成受害人的人身伤害或财产损害，为因果关系；倒塌、脱落、坠落等物理力并未直接作用于他人的人身、财产，而是引发其他现象，致他人的人身、财产受损害，也为有因果关系。

（四）物件所有人或者管理人主观上存在过错

物件损害责任构成要件的过错是指设置或管理、管束不当或形成缺陷，设计、施工缺陷也可能是使用方法不当，均为过失方式。譬如物件所有人或管理人对物件的设置、管理、设计、施工等存在缺陷或者使用方法不当。物件损害适用过错推定责任，即除非物件所有人或者管理人能够证明自己对物件损害行为没有过错，否则需要承担侵权责任。

我国《民法典》侵权责任编规定的物件损害责任的具体类型主要由以下几种：建筑物等物件脱落、坠落损害的责任，建筑物等设施倒塌损害责任，建筑物上抛掷物品或从建筑物上坠落物品损害责任，堆放物倒塌损害责任，公共道路障碍物损害责任，林木折断损害责任，地面、地下施工损害责任。在学习了物件损害责任的基本理论后，你是否能够给大家举例讲解一种物件损害责任的类型呢？下面让我们来一起学习法条依据、归责原则以及责任承担方式吧！

四、物件损害责任的具体类型

（一）建筑物等物件脱落、坠落损害的责任

（1）三类赔偿义务人：一是“所有人”，指的是建筑物等设施的所有权人。二是“管理人”，是指对建筑物等设施及其搁置物、悬挂物负有管理、维护义务的人。三是“使用人”，是指因租赁、借用或者其他情形使用建筑物等设施的人。

（2）归责原则：采用过错推定。

（3）责任承担：1）所有人、管理人或者使用人，谁对建筑物负有维修义务或者管护义务，就由谁对外承担过错推定责任。2）第三人对损害的发生具有过错的，第三人不对外承担责任（受害人不能将有过错的第三人作为被告起诉），所有人、管理人或者使用人对外承担责任后，有权向有过错的第三人追偿。

相关法条

《民法典》侵权责任编第 1253 条 建筑物、构筑物或者其他设施及其搁置物、悬挂物发生脱落、坠落造成他人损害，所有人、管理人或者使用人不能证明自己没有过错的，应当承担侵权责任。所有人、管理人或者使用人赔偿后，有其他责任人的，有权向其他责任人追偿。

在学习了建筑物等物件脱落、坠落损害的责任后，通过“练一练”检测一下自己对该知识点的掌握情况吧！

练一练 17

（多项选择题）甲、乙、丙按不同的比例共有一套房屋，约定轮流使用。在甲居住期间，房屋廊檐脱落砸伤行人丁。下列说法正确的是（　　）。

A. 甲、乙、丙如不能证明自己没有过错，应对丁承担连带赔偿责任，由于需要考虑过错，故本案适用的是过错责任原则

B. 丁有权请求甲承担侵权责任

C. 如甲承担了侵权责任，则乙、丙应按各自份额分担损失

D. 如果房檐脱落是由于王某的原因所致，则在甲、乙、丙承担责任后，可以向王某追偿

（二）建筑物等设施倒塌损害责任

（1）对《民法典》侵权责任编第 1252 条第 1 款的理解：

1）调整范围：建筑物“因质量问题倒塌”的责任。

2）归责原则：无过错责任原则。

3）责任承担：建设单位与施工单位承担（无过错的）连带责任。为了加重建设单位与施工单位的责任心，抑制侵权的发生，即使勘察、设计、监理、验收、监管单位具有过错，它们不对外承担责任（受害人不能以其为被告起诉），建设单位与施工单位对外承担责任后可以向它们追偿。

（2）对《民法典》侵权责任编第 1252 条第 2 款的理解：

1）调整范围：建筑物“非因质量问题倒塌”，而是“完全因为第三人的原因”倒塌的责任。

2）归责原则：无过错责任原则。

3）责任承担：第三人承担责任。建设单位与施工单位无责任。

相关法条

《民法典》侵权责任编第 1252 条　建筑物、构筑物或者其他设施倒塌、塌陷造成他人损害的，由建设单位与施工单位承担连带责任，但是建设单位与施工单位能够证明不存在质量缺陷的除外。建设单位、施工单位赔偿后，有其他责任人的，有权向其他责任人追偿。

因所有人、管理人、使用人或者第三人的原因，建筑物、构筑物或者其他设施倒塌、塌陷造成他人损害的，由所有人、管理人、使用人或者第三人承担侵权责任。

（三）从建筑物上抛掷物品或从建筑物上坠落物品损害责任

（1）界定：《民法典》侵权责任编第 1254 条中造成他人损害的物品必须是从建筑物中抛掷的物品或从建筑物上坠落的物品，不是来源于建筑内的抛掷物品或从建筑物上坠落的物品致人损害的，不适用该条规定。

该条中致人损害的“抛掷物品”，是建筑物中因人为原因故意或者过失抛掷的物品，如从楼上扔下的烟灰缸、菜板、酒瓶、茶杯等。

（2）适用前提：难以确定具体侵权人。

（3）“建筑物使用人”，指在侵权行为发生时建筑物的实际使用人，这些人在建筑物内进行活动，控制或管理建筑物和建筑物内的物品，在建筑物内的抛掷物、建筑物上坠落物致人损害而又无法确定具体侵权人时，“除能够证明自己不是侵权人的外”，依法推定他们为“可能加害的建筑物使用人”。

“可能加害的建筑物使用人”具体包括正在使用建筑物的所有权人、房屋租赁人、借用人，和其他使用建筑物的人。其他使用建筑物的人，比如物业服务公司实际占有、使用了建筑物，也属于“可能加害的建筑物使用人”。

（四）堆放物倒塌损害责任

归责原则：过错推定原则。堆放人不能证明自己没有过错的，应当承担侵权责任。但是，当事人均无过错，应当根据公平原则酌情处理。如果堆放物倒塌是因被侵权人或者第三人的故意或者重大过失以及不可抗力造成的，则堆放人应当相应减轻或者免除责任。

相关法条

《民法典》侵权责任编第 1255 条　堆放物倒塌、滚落或者滑落造成他人损害，堆放人不能证明自己没有过错的，应当承担侵权责任。

（五）公共道路障碍物损害责任

（1）在道路上堆放、倾倒、遗撒妨碍通行物品致人损害的，堆放人承担无过错责任原则。

（2）堆放、倾倒、遗撒人不能确定或者无力承担的，道路的管理部门具有过错的，承担与其过错相应的责任。

相关法条

《民法典》侵权责任编第1256条 在公共道路上堆放、倾倒、遗撒妨碍通行的物品造成他人损害的，由行为人承担侵权责任。公共道路管理人不能证明已经尽到清理、防护、警示等义务的，应当承担相应的责任。

本节“案例索引”中A、B商铺的店主已经构成了堆放障碍物，因此应当承担责任。下面通过“练一练”来巩固下知识点吧。注意在做下面的“练一练”时，一定要先回忆我国《民法典》侵权责任编关于公共道路障碍物损害责任主体的相关知识。

练一练18

（单项选择题）在公共道路上堆放、倾倒、遗撒妨碍通行的物品造成他人损害的，（ ）应当承担侵权责任。

A. 有关单位

B. 有关个人

C. 有关单位或者个人

D. 有关单位和个人

（六）林木折断损害责任

（1）林木折断、果实坠落、树枝脱落致人损害的，所有人或者管理人承担过错推定责任原则。

（2）适用范围：城市的林木和乡村的林木。

相关法条

《民法典》侵权责任编第1257条 因林木折断、倾倒或者果实坠落等造成他人损害，林木的所有人或者管理人不能证明自己没有过错的，应当承担侵权责任。

（七）地面、地下施工损害责任

（1）关于在公共场所或者道路上施工“设置明显标志和采取安全措施”的要

求：1）设置的警示标志必须明显，足以引起他人对施工现场的注意，足以提示车辆和行人采取相应的安全应对措施。2）警示标志应在施工期间持续存在，施工人负有保持其牢固、及时维护、修复的责任。3）设置警示标志尚不足以保障他人的安全的，还应当采取必要的安全保障措施。

（2）责任形式：过错推定责任。

本部分小结

本部分主要介绍了物件致人损害责任的有关知识，其中，物件致人损害的概述、构成要件和归责原则，均属于基础理论性内容。除此之外，介绍了七种物件致人损害责任的具体类型，其实操性较强，需要结合法条记忆。物件损害责任的基础在于，物件所有人或者管理人对于物件的管领控制。未尽到管理义务，是承担物件损害责任的根本原因。在学习中，大家要注意对这一点的理解。学完本部分内容，大家要思考以下问题：

1. 物件致人损害的构成要件有哪些？
2. 物件致人损害的归责原则是什么？
3. 叙述七种不同的物件致人损害的具体类型，并举出实例。

附录 “练一练”参考答案

1.【答案】ABCD

【解析】侵权责任法的一般条款功能有四项，分别是简化立法、弥补法律漏洞、高度包容性、赋予法官概括的裁判准则。因此，ABCD 均正确。

2.【答案】按照《民法典》侵权责任编第 1165 条第 1 款的规定，一个行为具有违法性，行为人具有过错，且其行为已经造成了受害人的损害，就构成侵权责任。本案显然具备这些要求，因此，应当按照小的侵权行为一般条款的规定，责令恶意诉讼人承担侵权责任。

3.【答案】可以向刘女士主张，也可以向关某主张。刘女士如果承担了责任，可向关某追偿。

4.【答案】ABCD

【解析】过错分为两种基本形态，即故意和过失。故意包括直接故意和间接故意两种形式。过失，包括疏忽和懈怠。因此，本题的正确答案是 ABCD。

5.【答案】ABCD

【解析】《民法典》总则编第 179 条规定：“承担民事责任的方式主要有：(一) 停止侵害；(二) 排除妨碍；(三) 消除危险；(四) 返还财产；(五) 恢复原状；(六) 修理、重作、更换；(七) 继续履行；(八) 赔偿损失；(九) 支付违约金；(十) 消除影响、恢复名誉；(十一) 赔礼道歉”，因此，本题答案为 ABCD。

6.【答案】ABC

【解析】A 项：各种侵权责任的方式，可以单独适用，也可以合并适用，因此 A 项错误；B 项：排除妨碍和消除危险则有可能是财产性质的民事责任，也可能是非财产责任方式，因此 B 项错误；C 项：只要受害人无追究侵权人民事责任的意思，公权力机关就不得主动援引民事责任的承担方式，对侵权人施加处罚；D 项：《民法典》总则编第 179 条规定了十一种民事责任方式。因此，本题正确答案是 ABC。

7.【答案】BCD

【解析】完全赔偿不应因侵权人的主观状态为故意或过失而有所区别，只要造成了受害人的损害就要依照法律规定进行全部赔偿，并非主观恶性小的少赔偿，恶性大的多赔偿。因此，A 项错误。完全赔偿包括损失多少赔偿多少，赔偿直接损失和可预见范围内的可得利益损失。完全赔偿是对直接损失和间接损失的赔偿。因此，BCD 正确。

8.【答案】学校组织的春游，属于学校的正常教育活动，李某在春游期间受到第三人刘某的侵害，故刘某作为直接的侵权人，应当承担赔偿责任。同时，作为班主任的张某未能及时跟进照顾本班学生，故可以认定该小学未尽到管理职责，即存在过错，应承担与其过错相应的补充赔偿责任。

9.【答案】可以。因为C和D是在搬运过程中将兰花折断，故C、D的行为属于执行工作任务过程中致他人损害，应由其所在的单位即A公司承担侵权责任。但C、D和甲之间的争吵行为，不属于执行工作任务，由此导致的侵权责任由C、D本人承担，而不是由其所在的单位承担。因此E的损害赔偿由C、D和甲共同承担。

10.【答案】关于扩大损害的部分，应由甲和丙承担连带责任。

11.【答案】唐某是被崔某不慎撞下陡坡的，崔某属于直接侵权人，故应承担赔偿责任。本案的另一特殊情况是，唐某是随团旅游的，旅行社是该活动的组织者，李某作为旅行社的工作人员，明知该景点险峻却未予提示，存在过错，故可认定旅行社存在过错，即其未尽到安全保障义务，故应对唐某的损害承担补充赔偿责任。

12.【答案】不可以。原因在于：(1) 该西瓜未经加工、制作，不属于“产品”。(2) 该情形构成违约和一般侵权（适用《民法典》侵权责任编第1165条第1款），不构成产品侵权（不适用《民法典》侵权责任编第1202条）。

13.【答案】为了方便受害人王某的救济，A公司、B公司、乙医院应对王某承担不真正连带责任。王某可以选择其中任何一个承担全部赔偿责任。

14.【答案】甲工厂应就鱼虾死亡的原因是否为甲工厂污水所致以及是否具有免责事由进行举证。

15.【答案】小孩乙（或者说其监护人）具有重大过失；甲违反管理规定，未对动物采取安全措施，不能减轻或者免除甲的责任。

16.【答案】BC

【解析】《民法典》侵权责任编第1245条规定：“饲养的动物造成他人损害的，动物饲养人或者管理人应当承担侵权责任；但是，能够证明损害是因被侵权人故意或者重大过失造成的，可以不承担或者减轻责任。”据此，饲养的动物造成他人损害的，动物饲养人或管理人即使没有过错也应当承担侵权责任，因此饲养动物致人损害责任适用无过错责任原则。因此，A项错误，不选。B项正确，当选。动物的饲养人或管理人应当就法定的免责事由承担举证责任。因此，C选项正确。根据《民法典》侵权责任编第1245条的规定，损害是因被侵权人故意或者重大过失造成的，动物饲养人或者管理人才可以不承担或者减轻责任，而被侵权人对损害仅有一般过失的，动物饲养人或者管理人不能不承担或减轻责任。因此，D项错误，不选。因此，本题正确答案是BC。

17.【答案】ABCD

【解析】《民法典》侵权责任编第1253条规定：“建筑物、构筑物或者其他设施及其搁置物、悬挂物发生脱落、坠落造成他人损害，所有人、管理人或者使用人不能证明自己没有过错的，应当承担侵权责任。所有人、管理人或者使用人赔偿后，有其他责任人的，有权向其他责任人追偿。”本题正确答案为 ABCD。

18.【答案】C

【解析】根据《民法典》侵权责任编第 1256 条的规定，在公共道路上堆放、倾倒、遗撒妨碍通行的物品造成他人损害的，由行为人承担侵权责任。公共道路管理人不能证明已经尽到清理、防护、警示等义务的，应当承担相应的责任。因此，本题正确选项为 C。